# POUR L'AMOUR D'UNE MÈRE

JOSEPH YACOUB

entretiens avec
PASCAL MAGUESYAN

# POUR L'AMOUR D'UNE MÈRE

## Itinéraires d'un Assyro-Chaldéen

LES ÉDITIONS DU CERF

www.editionsducerf.fr
24, rue des Tanneries
75013 Paris

ISBN : 978-2-204-11436-3

*À ma sœur Élisabeth, printemps mémoriel qui défie les saisons, le temps et la dispersion, une mine de données vécues ou vues, où les souvenirs du passé et du présent s'entrelacent sans cesse sur la famille, la communauté assyrienne et l'ensemble des communautés syriaques, de Hassaké, des rives du Khabour et de l'ensemble de la Djézireh,*

*À mon épouse Claire avec qui je partage un destin commun fait de vie et d'idéal, sans laquelle ce parcours eût été incomplet,*

*À mon fils Pierre-Thomas et mon petit-fils Jonas,*

*À cette Syro-Mésopotamie, berceau majeur de la civilisation, terre sacrée qui a donné tant de prophètes et d'illustres penseurs ecclésiastiques et laïcs, en pensant particulièrement à Yusuf Habbi (1938-2000),*

*À ce Liban, pays qui m'a formé et m'a préparé à rencontrer et à aimer la France.*

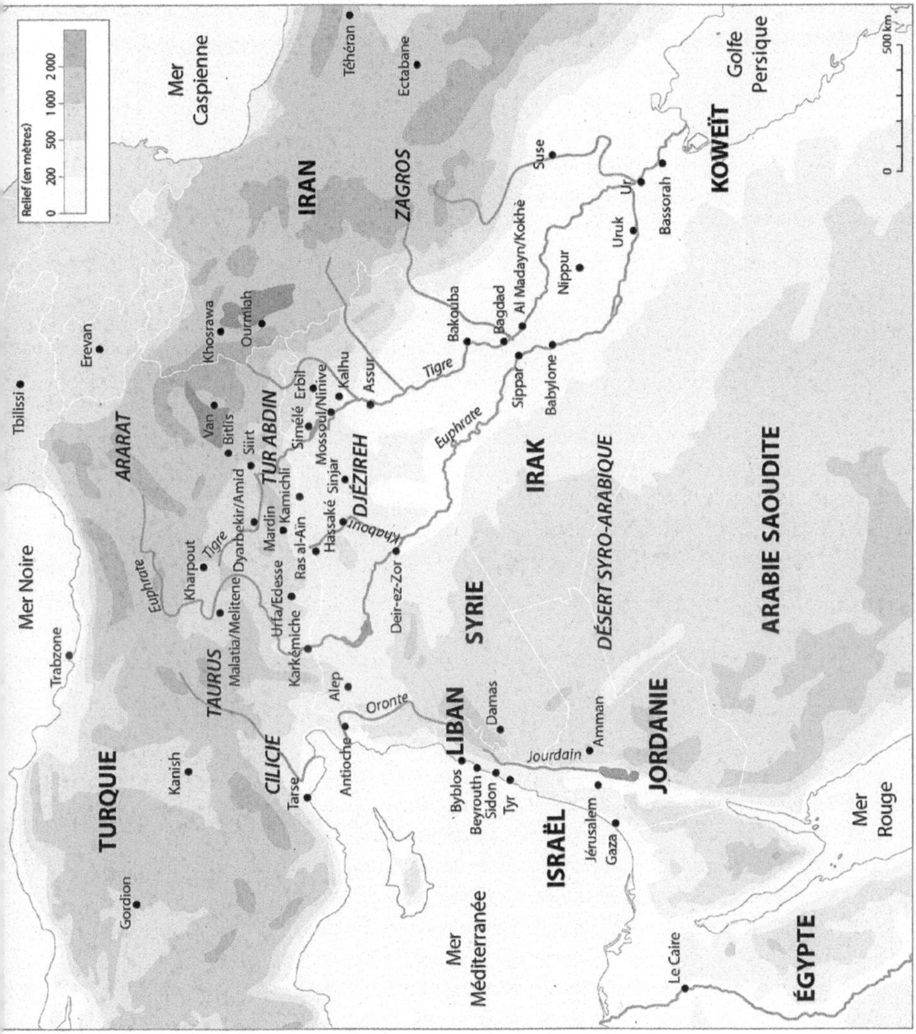


Socle civilisationnel syriaque (syro-mésopotamien)

# Avant-propos

On a rarement vu un savant écrire « pour l'amour d'une mère ». C'est pourtant ce qu'accomplit Joseph Yacoub à travers ce récit. Derrière le masque du grand professeur, apparaissent les sources sensibles de sa science et les nourritures affectives de sa conscience.

En prologue à nos multiples entretiens, il me confia : « J'entame ce projet d'écriture non sans une certaine émotion, parce qu'il s'agit d'un parcours de vie et, à travers ce parcours, l'histoire d'une famille. Je n'ai pas connu mes grands-parents, ni du côté maternel, ni du côté paternel. Je pense en particulier à ma mère. Je lui dois tout. Je pense aussi à mon père, qui apprit un jour incidemment à Tiflis (Tbilissi, capitale de la Géorgie) que ses parents avaient été massacrés, ainsi que la plupart des habitants de son village natal, Khosrawa, en Iran. En même temps je suis content, parce que c'est une manière de leur rendre hommage et de commémorer le souvenir de tous les disparus, suite aux persécutions et privations. »

On ne dira jamais assez la profondeur du lien entre naissance et connaissance. Quel enfant n'a pas vu s'ouvrir l'univers tout entier dans le sourire d'une mère ! Par la grâce et l'abnégation d'une mère qui ne savait qu'à peine lire et écrire, Joseph devint un être polyglotte, dont les œuvres publiées sur tous les continents en de multiples langues puisent avec avidité aux sources de sa Mésopotamie natale et de sa Nation.

On ne dira jamais assez la force du lien entre mère et patrie. La Mère Patrie est semblable au refuge d'un enfant sur le sein de sa mère. C'est la terre nourricière ! Joseph cultive cette appartenance, cette incarnation. Tel un archéologue, il explore dans la poussière de la Djézireh les traces d'une cité oubliée, d'une patrie rêvée. Tel un alchimiste grec, il cherche aussi dans les sources antiques et contemporaines de l'humanité la pierre philosophale du bien commun et de l'unité.

À mesure que nous avancions dans l'écriture de ce livre, je pus mesurer combien la Mésopotamie natale de Joseph et son enfance syrienne et libanaise furent vitales dans sa construction intellectuelle, philosophique et spirituelle, dans son cheminement académique, dans son enseignement universitaire, dans ses combats pour la connaissance de la Nation assyro-chaldéenne, la reconnaissance de son génocide – *seyfo*, en langue syriaque – et la protection des peuples en péril.

Quand Joseph me sollicita comme coauteur pour donner vie à ce récit, je compris qu'il m'ouvrirait les portes de son intimité. J'en fus tout à la fois intimidé et honoré.

J'ai toujours fréquenté Joseph comme un étudiant cherchant l'enseignement d'un maître. Je ne l'ai jamais été formellement. Je n'en possède aucun des titres officiels. Cependant Joseph n'a jamais cessé de jalonner mon propre cheminement intellectuel.

Il m'initia, moi, jeune militant de la cause arménienne, à la question assyro-chaldéenne, au droit des peuples autochtones, à la justice et à l'humanisme. Il sut faire vibrer en moi la corde sensible de ma curiosité et mon goût inné pour ces combats que tout un chacun jugerait vains et désespérés.

Autrefois journaliste, j'avoue que je cherchai souvent l'occasion de rencontrer Joseph et de l'interviewer. Je m'abreuvai de ses écrits et de nos entretiens qui me donnaient la chance de voyages immobiles en des espaces et des temps que ma conscience voulait explorer. J'aimai aussi fréquenter l'Institut des Droits de l'Homme de Lyon qu'il cofonda, où le monde entier semblait uni dans une Humanité altruiste.

Plus tard, lorsque je me sentis apte à découvrir ma propre part d'Orient, c'est encore vers Joseph que j'allai chercher des sources, des itinéraires, des étapes et des contacts. C'est ainsi que je voyageai, en Iran, en Turquie, en Syrie, au Liban…

Et lorsque me vint aussi l'envie de partager, c'est encore vers l'Institut des Droits de l'Homme que me fut donnée l'occasion de créer avec l'aide de Joseph et quelques amis, en 2004 et 2005, le Parlement des Mémoires.

Plus tard, en 2017, avec d'autres amis lyonnais, la création de l'organisation Mesopotamia – qui agit en faveur du patrimoine des populations fragilisées en Irak, chrétiennes et yézidies – n'aurait jamais été possible sans un entretien inaugural avec Joseph, dont je me souviens parfaitement. « Pascal, il te faut lire Jean-Maurice Fiey et son œuvre *Assyrie chrétienne* pour apprendre et comprendre. » C'est ce que je fis. C'est ainsi que commença une nouvelle aventure humaine et spirituelle exaltante.

Ainsi, Joseph éclaire depuis toujours mon sentier de vie. Un tel compagnonnage me prédisposait-il à recueillir et à écrire son extraordinaire itinéraire des rives syriennes du Khabour aux berges lyonnaises du Rhône et les confessions qu'il recèle ? Je forme simplement le vœu que le récit qui en est fait puisse traduire fidèlement ce que Joseph désire offrir à ses lecteurs : une part de son âme révélée, pétrie dans l'intimité d'une fratrie aimante, d'une mère sacrifiée qui fit de sa vie un don d'amour permanent et d'un père héroïque qui toute sa vie défendit l'Assyro-Chaldée, les armes à la main, guidé par l'ardeur de sa foi.

PASCAL MAGUESYAN

PREMIÈRE PARTIE

# UNE ENFANCE SUR LES RIVES DU KHABOUR

# 1

# À Hassaké

> La neuvième année du règne d'Osée, le roi d'Assyrie s'empara de Samarie et déporta les Israélites en Assyrie. Il les établit à Hala[1] sur les rives du Habor[2], fleuve de Gozan[3] et dans les villes de Médie.
>
> 2 Rois, 17, 6

*Commençons par le centre de gravité de ton histoire, Hassaké, ton lieu de naissance, en Syrie, dans cette Haute Djézireh qui est au carrefour de plusieurs États. À quoi ressemblait alors Hassaké ?*

Je suis effectivement né à Hassaké (Hassetché), en 1944, à l'extrémité nord-est du territoire syrien, appelé communément le Bec-de-canard, connu aussi sous le nom de Haute Djézireh syrienne, ce bec s'enfonçant entre la Turquie et l'Irak actuels. Je suis sûr de l'année, mais pas du mois, ni du jour. Finalement, on a retenu pour mes papiers français le 2 août.

Je suis le dernier né d'une famille de onze enfants. Si le premier enfant de mes parents naquit et mourut en Géorgie à Tiflis (aujourd'hui Tbilissi), les autres naquirent dans cette Haute Djézireh syrienne. Cinq d'entre eux sont morts de maladies infantiles dont quatre garçons. Aussi, j'étais entouré de cinq sœurs : Fébronia, Shamira, Sarah, Thérèse et Élisabeth. À ma naissance mes sœurs me disaient que ce fut une grande joie pour notre famille. Tout le monde priait depuis bien longtemps pour que naisse un garçon qui survive et qui puisse protéger ses parents quand ils vieilliront. C'est aussi ce qui poussa ma sœur aînée Fébronia à consacrer sa vie à Dieu afin qu'Il nous protège tous. Elle portait le nom d'une sainte orientale, martyre de l'Église de l'Orient au IVe siècle. Nous, nous l'appelions Bronia. Quand il fallut qu'elle acquière la nationalité syrienne, elle fut prénommée Ferdawiya. On ne sait toujours pas d'où ce prénom a surgi. Vraisemblablement d'une traduction erronée d'un fonctionnaire syrien. Plus tard, arrivée en France, où elle s'éteignit en 2021, le prénom de Fabienne fut inscrit sur ses papiers. Finalement seul le F est resté de son Orient natal ! On a du mal parfois à comprendre l'importance du garçon dans l'histoire d'une famille orientale. Ma mère disait toujours : « Les filles vont partir. Je veux un garçon qui s'occupera de moi. Je ne veux pas que mes gendres s'occupent de moi. » Après tout, c'est tout simplement une fierté pour la famille d'avoir un garçon.

En 1944, Hassaké était encore une petite agglomération. Elle comptait, en 1932, 6 000 habitants dont 5 700 chrétiens, et le nombre augmenta au fur et à mesure des événements tragiques qui touchèrent les différentes communautés.

Hassaké est traversée par la rivière du Khabour, fleuve biblique, qui se jette dans l'Euphrate, un autre fleuve biblique. Ezéchiel n'a-t-il pas prophétisé sur les rives du Kébar en Babylonie ? « Tandis que je me trouvais parmi les déportés, sur les rives du fleuve Kébar, les cieux s'ouvrirent et je contemplais des visions divines » (Ez 1, 1). Au nord de la ville, une autre rivière, le Jaghjagh croise le Khabour au milieu des plaines qu'elles arrosent.

Mon père me raconta que lorsqu'il est arrivé à Hassaké, il n'y avait pas grand monde. Les premières communautés chrétiennes qui s'y installèrent, venaient d'Iran et du Caucase, principalement des Assyriens, comme lui. Arrivèrent ensuite les Arméniens et les Syriaques, réfugiés de Tur Abdin, de Mardin, d'Ourfa et de différentes villes des provinces orientales de l'Empire ottoman, au lendemain du génocide de 1915-1918, et particulièrement après 1920, du fait de la guerre d'indépendance de la Turquie et de l'accroissement des tensions dans cette région. Après le traité franco-turc d'Angora en 1921, la ville de Nusaybin (l'antique Nisibe) tomba côté turc. Cela provoqua de nouveaux mouvements de population et l'arrivée de nouveaux migrants à Hassaké. S'ajoutèrent progressivement une communauté kurde, ainsi que des Yézidis, qui venaient du massif de Sinjar, partagé entre l'Irak et la Syrie. Je me souviens aussi d'une petite communauté de Tcherkesses (originaires du Caucase), ainsi que des tribus nomades et semi-nomades bédouines : la puissante tribu Shammar, les tribus Baggara, Tay, Anézé, Jabbour…

Les femmes bédouines venaient vendre à Hassaké leur lait, leur fromage et leur yaourt. L'une d'elles venait souvent à la maison. Elle s'appelait ʻAmtcha. Elle et ma mère étaient comme deux sœurs, alors que ma mère parlait très difficilement l'arabe. Je me demande comment elles faisaient pour se comprendre. En tous les cas, l'hospitalité était la règle.

Je baignais ainsi dans un environnement très riche et mes oreilles entendaient chaque jour de multiples langues. Le *Shlama* ou *Shlomo* syriaque répondait au *Parév* arménien, au *Rojbas* kurde, au *Salam* arabe, au *Dobri dièn* russe…

Nous menions une vie simple. C'est mon père qui bâtit notre maison sur un terrain accordé par la France à un prix modique, lorsque la Syrie était sous mandat français (de 1920 à 1946). Elle était faite de briques d'argile séchées au soleil, que mon père fabriquait. Il y avait une cour intérieure assez large avec des arbres au milieu et notamment un magnifique grenadier. Il y avait aussi un puit. De part et d'autre de la cour, mon père avait construit et aménagé des chambres, pour nous, mais aussi quelques-unes que ma mère louait à un prix dérisoire aux visiteurs ou aux jeunes des villages assyriens qui venaient en ville.

À Hassaké, l'hiver était rude. Il faisait froid. Il n'y avait pas d'électricité. Nous nous mettions autour du poêle à charbon pour nous réchauffer. Nous dormions tous sur un tapis. L'été, il faisait très chaud, nous dormions dehors dans la cour ou sur la terrasse du toit, sous des moustiquaires.

Dans notre famille, il y avait un vendeur d'eau. C'était le cousin de ma mère. On l'appelait Babiko, de son vrai nom Stephane Yaco. Il était marié à une Arménienne, Mariam Tomassian, originaire d'Ourfa. Très patriote, elle avait donné des noms arméniens à ses quatre enfants : Hagop, Anahide, Arousiak et Bédros. J'eus dès lors une affection particulière pour le peuple arménien et le *Hayastan*, le pays arménien. Quand Babiko passait dans les rues et criait *Maï, Maï, Maï* (en arabe) ou *Miya, Miya* (en araméen), les gens se précipitaient dehors pour remplir leurs jarres. C'est ainsi qu'il nourrissait sa famille en vendant de l'eau. Il avait un âne et un tonneau. Il prenait l'eau directement dans le fleuve. Après l'avoir fait bouillir pour la purifier, nous la buvions. Le thé, grâce à cela, était très apprécié.

Lorsque je suis né, mon père menait une vie quasiment monastique. Marqué par la vie et par les drames de sa communauté, il passait son temps à construire et, quand il prenait du repos, il s'isolait souvent dans sa chambre avec sa Bible en langue syriaque et avec des livres qu'il avait collectés çà et là, notamment ceux du lazariste Paul Bedjan. Quand un problème surgissait, il se retirait et priait la Vierge Marie. Puis le lendemain, il venait nous dire : « Voici ce que m'a dit la Vierge ! » Il ne parlait pas beaucoup. Et quand il parlait, c'était souvent en paraboles. Il citait beaucoup Akhikar, un sage assyrien du v^e^ siècle av. J.-C. Nous étions donc le plus souvent avec notre mère. Nous vivions ainsi, heureux malgré tout.

*Ta famille, comme presque toutes les autres familles de Hassaké, était chrétienne.*

Ma famille est adepte de l'Église chaldéenne depuis le début du XIX^e^ siècle. Cette Église est issue d'un schisme qui a touché l'Église-mère, l'Église de l'Orient[4], en 1553. Aussi, religieusement, nous sommes chaldéens, unis à Rome, mais ethniquement nous nous définissons comme Assyriens. À Hassaké, nous nous rendions à l'église chaldéenne *Ichou Malka* (Christ Roi). Elle avait été construite en 1930 par les premiers Assyriens venus d'Iran, qui transitèrent via le Caucase, par Tiflis et Erevan. Mon père en fut une cheville ouvrière. Avant que l'église chaldéenne ne soit construite, mes parents allaient à l'église latine de Hassaké, appelée l'église des Français. Il y avait là des Capucins et des sœurs franciscaines de Lons-le-Saunier, qui avaient ouvert des dispensaires et des écoles. C'est dans cette communauté que ma sœur Fébronia s'est d'ailleurs engagée. Nous allions tous les dimanches à l'église, en famille. Ma sœur Élisabeth faisait partie de la chorale. Mon père récitait et chantait le *Haïmninan*, le Credo en langue araméenne.

En 1954, le père Augustin Kharmouch dit à mon père : « Mon lieutenant, » – il avait été lieutenant du bataillon Assyro-Chaldéen – « … à partir de maintenant, nous sommes obligés de dire le *Haïmninan* en arabe. » Mon père lui demanda pourquoi. Le prêtre lui répondit que la plupart des fidèles étaient originaires de Mardin et ne comprenaient pas le soureth, notre langue. Mon père rétorqua fraîchement : « À partir de ce jour, tu ne me verras plus à l'église chaldéenne. » Dès lors, il ne fréquenta plus que l'église syriaque-catholique, alors que nous, les enfants, avec notre mère, nous allions toujours à l'Église chaldéenne. C'est ainsi qu'un jour, un de nos deux tapis disparut. Mon père l'avait offert à l'église syriaque-catholique ! Lorsque l'évêque syriaque-catholique Hanna Habbé venait à la maison, nous nous mettions tous en rang et nous lui baisions la main. Il parlait avec un grand respect à mon père. Il l'appelait lui aussi « Mon lieutenant » et l'embrassait sur le front. Comme beaucoup d'autres, cet évêque avait fait ses études en France et à Rome. Il parlait donc français, comme mon père.

C'est à Hassaké que j'ai appris le soureth, cet idiome issu du syriaque classique. Je l'ai d'abord appris à l'Église chaldéenne auprès du père Augustin Kharmouch. On y apprenait aussi le chaldéen et l'arabe. Je l'ai appris également dans les villages assyriens implantés le long du Khabour (Tell Sakra, Tell Arbouch, Tel Tamer, ...), où je passai mes étés et dans les livres que ces réfugiés avaient apportés avec eux. Depuis lors, cette langue ne m'a plus quitté. J'ai toujours les livres de prières de mon père, que les Lazaristes comme le savant Paul Bedjan, consulteur au Vatican, publiaient en France et qu'ils envoyaient sur place à Hassaké. En 1945, mon père offrit un livre à ma sœur Shamira, qui émigra plus tard à Chicago. Elle est aujourd'hui décédée. C'est moi qui ai ce livre à présent. Il le lui dédicaça en soureth, le 13 août 1945, ainsi : « À la fille de l'Assyrie. » J'ai beaucoup d'autres livres en araméen syriaque, publiés ici en France[5] !

*Hassaké était ton petit paradis !*

Chaque fois que je vois le Rhône et la Saône, la Confluence, je vois le Khabour et le Jaghjagh, leurs berges et les norias. Je vois les promenades que nous faisions et le formidable marché de Hassaké. Il y avait tant de fruits, de légumes, de viande. Je vois les villages autour et ses généreux habitants. Ces villages du Khabour étaient un vrai paradis, ou presque, que les Assyriens surent mettre en valeur, malgré l'aridité de cette région. Ils connaissaient bien mes parents. Et lorsqu'ils venaient vendre leur raisin, ils nous apportaient toujours une corbeille. Ma mère les faisait alors sécher et nous les mangions avec des figues. Je ressens encore aujourd'hui ces liens humains, pleins de chaleur, d'affection et de générosité. J'ai beaucoup appris de ces Assyriens du Khabour. Ces villageois citaient toujours une personnalité française, le général Pierre Rondot (1904-2000), qui les accueillit en 1933. À l'époque, il était capitaine. Il s'est beaucoup attaché à eux. Plus tard, il en est devenu l'un des spécialistes reconnus, un pionnier. Je l'ai bien connu ultérieurement parce qu'il vécut à Lyon, où il enseigna à l'Institut d'études politiques (IEP).

*C'est vraiment stupéfiant d'imaginer que la France ait été un acteur clé de cette histoire, de ton histoire, avant même que tu naisses ! Qui pourrait imaginer l'intimité de cette histoire entre cette Djézireh syrienne, ce village de Hassaké et la France ? C'est troublant et attachant.*

Oui, en effet. Beaucoup des habitants de la Haute-Djézireh (Hassaké, Qamichli, Ras al-Aïn) ont été établis dans ces villages par la France, mais ces nouveaux arrivants ne se sentirent jamais ni syriens, ni arabes. Ni mon père, ni ma mère ne parlaient véritablement l'arabe. Leur identité était marquée par leurs lieux d'origine et par leurs communautés respectives. On pourrait la résumer ainsi : leur langue était le soureth, leur religion était le christianisme oriental, leur pays était l'Assyrie (la Haute-Mésopotamie). Tous ces gens répétaient inlassablement : « Pourquoi sommes-nous venus ici ? » Alors enfant, je ne saisissais pas réellement la gravité de cette question. Quand j'accompagnais mon père à la préfecture, comme il ne parlait pas arabe, je voyais bien la condescendance des fonctionnaires syriens. Des inimitiés se sont ainsi développées. Mon père devint plus moine que jamais. Lui et tous les siens vivaient un drame au fond d'eux. Du coup, ils reportèrent leurs espoirs sur leurs enfants et les poussèrent à faire des études dans les grandes villes et à l'étranger. À Damas, à Beyrouth, en Europe…

*Sais-tu ce qu'est devenu aujourd'hui Hassaké ?*

Malheureusement Hassaké et tous les villages de cette région ont été détruits par Daesh, en 2015. Et tous ces braves Assyriens, jadis montagnards du Hakkari, sont aujourd'hui dispersés dans le monde, aux États-Unis, au Canada, en Australie et en Europe. On a peine à y croire.

J'ai quitté Hassaké à l'âge de 11 ans et je suis parti en pensionnat au Liban. Je revenais souvent au village pour les vacances, jusqu'à ce que mes parents quittent progressivement Hassaké à partir de 1964 pour s'installer à Beyrouth, au Liban.

J'aimerais tant retourner flâner dans ces villages du Khabour avec Claire, mon épouse, et avec mon fils Pierre-Thomas et sa compagne Bénédicte, et leur fils Jonas.

# 2

# En Haute Djézireh, au milieu d'un peuplement chrétien

*La Haute Djézireh où tu vécus ton enfance a connu une histoire incroyable depuis l'Antiquité. Les Assyriens, les Perses, les Grecs macédoniens, les Romains, y sont passés et s'y sont implantés. Plus près de nous, au cœur de cette région, la cité de Ras al-Aïn (ancienne capitale du royaume de Mittani), fut un centre de déportation pendant le génocide des Arméniens en 1915-1916. On peut encore découvrir sur un tell, à l'extérieur de la cité, les restes humains de ces déportés. Avec la Première Guerre mondiale, les persécutions et l'exode des chrétiens entraînèrent le repeuplement de cette Haute Djézireh, que la France favorisa en qualité de puissance mandataire à partir de 1920. Un siècle plus tard, cette Haute Djézireh est devenue un enjeu stratégique pour les groupes djihadistes, les puissances régionales et les forces spéciales de pays tiers, parmi lesquels sans doute la France. Essayons, Joseph, de démêler les fils du temps !*

D'abord, un peu d'histoire. La Djézireh est une partie de cette Haute Mésopotamie. *Djézireh* (« île »), c'est de l'arabe. En araméen c'est Gazarta, une île entourée de fleuves, le Tigre, l'Euphrate, le Khabour. D'une grande importance historique, zone de passage entre l'Irak et l'Anatolie, elle a impressionné les voyageurs, les historiens et les archéologues, comme le jésuite Antoine Poidebard (1878-1955). Ils fouillèrent les tells dans l'espoir d'y retrouver les traces des anciennnes civilisations, des Assyriens, des Hittites, des Mittaniens, des Perses, des Grecs et des Romains. L'occupation humaine y est très ancienne. L'archéologue allemand Max von Oppenheim l'explora pour la première fois à partir de 1911. Il y mit au jour la cité antique de Gozan (appelée Tell Halaf) au bord du Khabour. On découvrit ainsi que cette région était productive dans l'Antiquité. Gozan (en akkadien Gozanu) était la capitale du royaume araméen de Bet Bahiani au X$^{e}$ siècle avant notre ère. Elle devint ensuite une ville assyrienne, lors de sa conquête au VIII$^{e}$ siècle avant J.-C. Les recherches et les fouilles révélèrent que les Assyriens déportèrent dans cette province les Israélites capturés, après le siège et la conquête de la Samarie, sous Tiglath-Phalasar III vers 737 avant J.-C. Sa politique fut poursuivie par Shalmanasar III, Shalmanasar V et

Sargon II. La plupart de ces exilés furent installés le long du fleuve Khabour et d'autres en Médie (Perse). Elle fut conquise ensuite par les Arabes, Omeyyades et Abbassides, objet de luttes religieuses et fut dominée par la dynastie des Hamdanites (X^e siècle), qui régna sur Mossoul et Alep.

Au début du XX^e siècle, le jésuite, aviateur et archéologue français Antoine Poidebard vola au-dessus des cités de la Djézireh. Il y mena des recherches et développa sa technique d'archéo-photographie aérienne. L'Institut Français de Damas a découvert que cette région n'était pas aussi steppique et plate qu'on pouvait le croire, mais une aire de civilisation. Robert Montagne, alors directeur de l'Institut Français à Damas, publia en 1932, dans le Bulletin d'études orientales, une étude intitulée *Quelques aspects du peuplement de la Haute Djéziré*. C'est un historique qui révèle un passé très riche. Il y évoque Sinjar, la terre des Yézidis, qui était autrefois une terre chrétienne. En 1956, le géographe Étienne de Vaumas, auteur de nombreuses contributions sur la Djézireh, définit cette région comme une voie de passage entre l'Est et l'Ouest et comme un lieu d'affrontement de deux genres de vie. Au Nord, les sédentaires, au Sud, les tribus nomades[1]. D'où cette présence des Bédouins qui venaient vendre leurs produits, leurs laitages et leur bétail à Hassaké[2].

*Que sait-on de l'histoire paléochrétienne de cette Djézireh ?*

L'histoire paléochrétienne de la Djézireh remonte aux premiers siècles. Au cœur de la Djézireh, il y a la ville de Nusaybin, la célèbre Nisibe. Les Grecs l'appelaient Nisibis. En araméen, on la qualifie de *Beit Tktouma*, qui veut dire le pays frontière. Cela illustre bien la centralité et donc la vulnérabilité de cette région. Une grande partie de cette ville était chrétienne dès les premiers siècles. Le développement précoce du christianisme peut s'expliquer par différentes hypothèses. Depuis la chute de l'Assyrie en 612 puis de Babylone en 539 avant J.-C., les populations dispersées qui s'y établirent souffrirent beaucoup des dominations étrangères. Quand le message chrétien s'y répandit, il appelait à la paix et au pardon. Il invoquait aussi le renoncement au paganisme. Dans les Actes des apôtres, des paragraphes indiquent qu'ils se mirent tous ensemble, qu'ils abandonnèrent tout et qu'ils brûlèrent leurs livres. Il y a là des traces de cette territorialité.

Il y avait aussi en Djézireh d'importantes communautés juives, en raison de leur dispersion après la première destruction du Temple de Jérusalem, en 587 avant J.-C. par les troupes babyloniennes et les déportations antérieures menées par les Assyriens. Preuve en est la première Épître de Pierre qui s'adresse aux peuples de la dispersion, « aux élus, aux étrangers de la dispersion, dans le Pont, la Galatie, la Cappadoce, l'Asie et la Bythinie ». Aussi peut-on supposer que dans cette Djézireh le premier contact avec le christianisme se fit auprès des Juifs.

Prenons encore l'exemple de cette ville de Nisibe, autrefois voie de passage des caravanes entre l'Orient et l'Occident. D'illustres théologiens y vécurent : Jacques de Nisibe au IVe siècle, ou Éphrem le Syriaque (saint Éphrem) qui y naquit vers 306. Il y rédigea son œuvre unique faite d'hymnes, de poèmes et d'homélies. À la suite de la guerre entre les empires perse et romain en 363, les Romains partirent et les Perses occupèrent la cité. Tous les chrétiens quittèrent alors Nisibe par peur des Perses et s'installèrent à Édesse, dans cet Empire romain d'Orient devenu chrétien. Saint Éphrem était l'un d'eux.

Non loin de Nusaybin, il y a Ras al-Aïn, ancienne capitale des Mittaniens, où il y eut des chrétiens dès les premiers siècles. Ras al-Aïn en syriaque c'est *Rich Aïna* (la tête des sources), parce qu'il y a une infinité de sources d'eau. À l'époque classique, la ville était importante. Les Byzantins s'en sont emparés. Les chroniques syriaques parlent d'un évêché. L'Église syriaque (jacobite) tint un synode en 684. La ville a donné 11 évêques syriaques entre 793 et 1199. Près de Ras al-Aïn se trouvaient des couvents syriaques, dont celui de Beth-Tirai. Présente dans la littérature, cette cité a donné un grand penseur et traducteur au

VI^e siècle : Sergius de Rich Aïna. Michel le Syriaque la mentionne aussi dans son *Histoire ecclésiastique.*

À l'Est de Nusaybin, se trouve Djezré. Autrefois, elle s'appelait Bet Zabdé. C'était la voie de passage obligée pour se rendre en Adiabène (Erbil). On suppose que cette route fut empruntée par les apôtres, tel Thomas, et par leurs disciples, pour évangéliser la région. Aujourd'hui, beaucoup d'Assyro-Chaldéens de Sarcelles viennent des villages de cette région de Bet Zabdé. C'est dire son historicité paléochrétienne.

À la fin du XIX^e siècle, la Haute-Djézireh était parcourue par des nomades et des semi-nomades, pour l'essentiel des Bédouins. Son peuplement chrétien connut plusieurs vagues suite à la Grande guerre. Il fallut que soit mis en place le Mandat français pour que les Assyriens, les Chaldéens, les Syriaques et les Arméniens revitalisent la Djézireh, renouant ainsi avec ce riche passé paléochrétien.

Des bourgades entourées de nombreux villages agricoles commencèrent à fleurir et à se développer. Ce qui permit à l'écrivaine et journaliste Marie-Edith de Bonneuil (1874-1961) de décrire, en 1937, « ces minorités tragiques », parmi lesquelles figurent des « Assyro-Chaldéens, descendants de Nabuchodonosor », qui ont construit des dizaines de villages autour de deux villes, Hassaké et Kamechlié. À cette époque, Hassaké est présentée comme « une petite agglomération assyro-chaldéenne du Bec-de-Canard sur le Khabour, affluent de l'Euphrate[3] ».

En 1943, cette Djézireh comptait plus de 50 000 chrétiens de toutes confessions (en majorité des Syriaques orthodoxes, des Chaldéens et des Assyriens). On pouvait aussi y croiser des Juifs, très lointains héritiers des déportés de l'Antiquité. Cette page d'histoire plurimillénaire va-t-elle désormais s'effacer ? On parle aujourd'hui de 2 000 familles chrétiennes avec une majorité de personnes âgées !

3

# Mon père

*Abordons, cher Joseph, un aspect plus personnel de ta vie, la mémoire de ton père. Sa vie épique incarne parfaitement et tragiquement l'histoire du peuple assyro-chaldéen. Plus d'une fois, la France est entrée dans sa vie : à Khosrawa d'abord, son village natal en Iran, à Marseille, à Bordeaux, à Paris, à Tbilissi, à Hassaké, à Beyrouth… Raconte-nous son incroyable parcours.*

Mon père s'appelait Paulus Yaco Auchana. Il est né probablement en 1889 en Perse (Iran), dans la partie azerbaïdjanaise du pays, au nord-ouest du lac salé d'Ourmiah, à Khosrawa, un village important du district de Salamas, pas très loin du fleuve Araxe qui sert de frontière avec le Caucase. Cet Azerbaïdjan persan était séparé de la Turquie par une chaîne de montagnes.

Il était le fils de Maryam et Yaco Auchanna. Mon père avait deux sœurs, Marguerite et Angèle, la petite dernière. Angèle avait échappé aux massacres de Khosrawa en 1918, en se cachant dans un four à pain (*tannoura*) creusé dans la terre. Lorsqu'elle en sortit, désemparée, elle prit la route de l'exode, d'abord vers Ourmiah, puis vers Bakouba en Irak, comme des dizaines de milliers d'autres Assyro-Chaldéens. Retrouvée dans la cohorte des survivants, elle rejoignit plus tard mon père à Hassaké, après qu'il s'y fut installé. Son autre sœur Marguerite vivait, quant à elle, dans le Caucase, depuis son mariage juste avant la Grande Guerre. Après 1921, mon père ne la revit plus jamais. Il en nourrit toute sa vie une grande tristesse.

À la fin du XIX^e siècle, son village natal Khosrawa, exclusivement chrétien, comptait 2 500 habitants et était un des plus grands de la plaine de Salamas. Située à plus de mille mètres d'altitude, cette plaine abritait une soixantaine de bourgs longeant la rivière Zola, où vergers et jardins foisonnaient. Durant toute mon enfance, j'étais bercé par les récits enchanteurs de ces lieux, que mes parents qualifiaient de véritable Eden.

La population de Khosrawa était donc chrétienne, originellement membre de la grande Église de l'Orient. Avec le temps, petit à petit, les Chaldéens s'y étant établis, la population passa à l'Église chaldéenne, unie à Rome et par conséquent catholique. D'autre part, à partir de 1840, les missionnaires latins de la congrégation de la Mission, les Lazaristes, et les Filles de la Charité s'installèrent dans cette région. Ils ouvrirent des dispensaires et de nombreuses écoles. Mon père fréquenta leurs écoles jusqu'à ses 16 ans. C'est là qu'il apprit le français et le syriaque moderne (soureth), langues qu'il maîtrisait parfaitement, ainsi que quelques notions de russe.

En arrivant dans la région, les Lazaristes découvrirent que cette communauté était attachée viscéralement à sa langue et fière de son patrimoine. Ils s'adaptèrent et publièrent ainsi de nombreux livres en araméen. Mon père en fut un insatiable locuteur jusqu'à la fin de ses jours. Il fut aussi un fidèle lecteur de la revue indépendante *Kukhva* (Étoile), d'orientation nationale et unioniste fondée par Yokhanna Moushé. Il faut dire que mon père, comme tous ses compatriotes, se définissait comme un Assyrien persan de Salamas.

En 1908, alors que la région eut à affronter une succession de calamités (mauvaises récoltes, disettes, épidémies, troubles avec les Kurdes...), comme beaucoup de jeunes hommes du bourg, mon père partit chercher du travail à l'étranger. Il émigra alors à Tiflis (aujourd'hui Tbilissi), en Géorgie, plaque tournante du Caucase sous domination russe tsariste. Il y travailla jusqu'en 1911 et envoyait régulièrement de l'argent à sa famille restée à Khosrawa.

En 1911, il émigra en Argentine, où des gens de son village l'avaient précédé. L'Argentine avait besoin de main-d'œuvre. Arméniens, Syriens, Libanais, chrétiens comme musulmans, s'y rendirent. C'était tout un périple. Il embarqua à Batoumi, sur la mer Noire, arriva à Marseille, où il prit un transatlantique pour Buenos Aires. Il y fut accueilli et aidé par les Filles de la Charité argentines. Il se rendit ensuite à Cordoba, en train, sans un sou en poche, pour y retrouver un certain Joseph Malek, originaire de son village, qui l'hébergea. Aujourd'hui la maison où il vécut est un magasin de meubles. En m'y rendant avec Claire, nous eûmes l'occasion de rencontrer des Assyriens qui parlaient encore le soureth, ainsi que des Syriens du Khabour. Ce furent des moments incroyables.

De Cordoba, mon père partit à Jujuy, au nord-ouest de l'Argentine, pour travailler sur le chantier de construction d'un grand barrage. Les conditions y étaient très difficiles. C'est là que son entourage l'appela Pablo. En espagnol, Paulus, c'est Pablo ! Ce nom ne le quitta plus, jusqu'à devenir plus tard notre nom de famille !

Mon père travailla trois années à Jujuy. En 1914, lorsqu'il apprit que la guerre avait éclaté, il retourna à Buenos Aires, au consulat de Russie. Il voulait rentrer chez lui auprès de ses parents. Les Russes l'en dissuadèrent et lui recommandèrent de se rendre au consulat de France. La France aussi refusa en lui répétant : « Monsieur, c'est la guerre ! C'est la guerre ! » Sans se décourager, mon père se rendit au port. Il y trouva un bateau français de transport de bestiaux en partance pour la France. Il réussit à s'y faire embarquer. Le contrat entre lui et le capitaine était simple : « Vous vous occupez du bétail pendant la traversée et je vous déposerai à Bordeaux. » C'est ainsi qu'il débarqua un beau matin à Bordeaux. Plus tard, il prit un train pour Paris. Là, il travailla notamment à la fabrication de munitions dans les forges de Renault à Billancourt. Ce n'est qu'à la fin de la guerre, en 1918, qu'il put retourner à Marseille et trouver un bateau en partance pour Batoumi, aux portes du Caucase.

À son arrivée au Caucase, il se rendit aussitôt à Tiflis, où résidait sa tante Manno. « Que veux-tu faire Azizi ? » lui demanda-t-elle. « Aller à Khosrawa voir mes parents », répondit mon père. « N'y pense plus, ils ont tous été massacrés, il n'y a plus personne au village », rétorqua Manno, « reste ici, je vais te marier. » C'est ainsi que mon père apprit l'épouvantable.

Finalement, il se maria avec ma mère, une jeune fille dont la famille venait de Pataver, un village voisin de Khosrawa. J'ai découvert plus tard dans les archives qu'un prêtre chaldéen de Khosrawa, Lazare Georges, desservant l'église catholique Saint-Pierre-et-Paul de Tiflis, les maria en 1920.

C'est à ce moment-là qu'arriva à Tiflis une délégation officielle française avec des représentants assyro-chaldéens. Missionnée par le général Henri

Gouraud, haut-commissaire de la France au Levant (Liban, Syrie, Cilicie), elle cherchait à recruter des soldats pour occuper la région de l'Euphrate et de la Haute-Djézireh, alors sous mandat français. Le 28 mai 1920, dans une de ces dépêches, le général Gouraud annonçait clairement la création d'une première unité militaire assyro-chaldéenne « d'environ 3 000 hommes, qui seraient formés dans la région d'Alexandrette et destinés à être poussés au plus tôt vers l'est, le long du chemin de fer de Bagdad ». Cette unité fut le fruit des contacts établis à Alep entre le général Gouraud et le patriarche chaldéen Joseph Emmanuel II Thomas. Elle portera le nom de bataillon assyro-chaldéen[1].

Il faut dire qu'au sortir d'une guerre qui avait exténué la France, le haut-commissaire avait besoin de troupes fraîches au Levant. Le patriarche chaldéen l'orienta vers Malek Cambar, chef d'une importante tribu du Hakkari[2]. La France chargea ainsi officiellement Malek Cambar de lever des troupes et de diffuser une propagande pro-française parmi ses compatriotes. Aussi, il partit pour le Caucase en mission de recrutement, accompagné de Victor Yonnan, un des fondateurs de la revue *L'Action assyro-chaldéenne*, qui paraissait à Beyrouth. Leur mission fut assez difficile car d'autres Puissances avaient essayé avant eux : les Russes communistes, les Arméniens, les Géorgiens, les Britanniques... La France escomptait plus de 1 000 combattants. Il n'y en eut jamais plus de 200, malgré les discours et les envolées lyriques de Malek Cambar sur la France : « Qui nous permettra de réaliser notre rêve, veut bien nous accepter dans les territoires de son mandat ? La France, la France seule ! »

*Les promesses de la France étaient-elles sincères ?*

Sincères ou pas, les Assyro-Chaldéens en chérissaient l'espoir. Dans le brouillard de l'époque, tout semblait possible ! Mon père fut l'un de ceux qui acceptèrent de s'enrôler, non seulement par amour pour sa patrie, mais aussi par attachement à la France. Il faut dire qu'il parlait déjà français et qu'il servait souvent d'interprète pour ses compatriotes. À la question « qu'aura-t-on en échange ? », on lui répondit « une patrie pour vous les Assyro-Chaldéens » ! Pour autant, Paris refusait de subvenir aux besoins des familles des combattants. Mon père partit donc seul, alors que sa femme – ma mère – était enceinte de son premier fils, Jacques, qui mourut prématurément, sans que mon père l'ait connu.

*Comment évolua le bataillon assyro-chaldéen ?*

Le bataillon assyro-chaldéen embarqua fin 1920, à Batoumi, en Géorgie, sur la mer Noire, où se trouvait une mission navale française. À ce moment-là, l'identité géographique de la nouvelle Turquie n'était pas encore établie. L'Empire ottoman n'était plus, mais Mustafa Kemal entamait la reconquête. Les combattants assyro-chaldéens arrivèrent donc à Alexandrette, où Français, Anglais et Grecs administraient les territoires de l'ancien empire.

Alexandrette était un point stratégique, où aboutissaient des lignes de transport maritimes. C'était aussi l'entrée de la route naturelle qui conduisait vers cette terre promise aux Assyro-Chaldéens par la France. Mardin, Ourfa, Diyarbakir, Mossoul, devaient à terme faire partie du nouveau pays assyro-chaldéen. Ils y furent accueillis par Paul Chamas, le vicaire du patriarche chaldéen, qui les enjoignit énergiquement de suivre la France, certifiant que le seul but recherché par la France est de les « conduire victorieux, les armes à la main, à leur chère patrie, l'Assyro-Chaldée ! » Paul Chamas conclut ses discours aux soldats en leur demandant de suivre la France, fût-ce aveuglément ! La responsabilité de l'Église chaldéenne dans la formation de ce bataillon est donc évidente parce qu'elle incita vigoureusement ces hommes à suivre la France et le capitaine Auguste Hériot, commandant du bataillon assyro-chaldéen.

Le bataillon fut installé sous tentes, à Deir-ez-Zor[3], le chef-lieu de la Djézireh au sud de la province. Un poste militaire français avancé y avait été établi. Ils y restèrent moins de 2 ans. Les deux premières compagnies assyro-chaldéennes formées de

139 soldats étaient appuyées par une colonne française. En juin 1921, ils connurent leur baptême de feu pour réduire une rébellion de Bédouins. En représailles, des Assyro-Chaldéens furent tués en septembre 1921, faisant 21 morts. Il faut dire que les mouvements de résistance à la présence française étaient assez actifs (tribus arabes, forces turques kémalistes...). Une deuxième mission de recrutement de combattants assyro-chaldéens fut menée au Caucase par Malek Cambar, sans grand succès. La France s'adressa aussi au célèbre chef de guerre assyrien, le général Agha Petros qui était en Irak, décoré de la Croix de guerre en 1921. Là aussi sans succès.

La France, convaincue d'avoir pacifié la région de Deir-ez-Zor fin 1922, envoya ce modeste bataillon assyro-chaldéen à Hassaké, pour y contrôler la Haute-Djézireh. C'est ainsi que se développa le village de Hassaké. Les soldats de ce bataillon eurent accès à des terres à un prix dérisoire pour construire leur foyer. D'autres réfugiés chrétiens arrivèrent entre 1922 et 1930, dont des Syriaques et des Arméniens, mais aussi des Yézidis et des Kurdes.

*Il faut dire qu'entre-temps fut signé le traité d'Angora, le 20 octobre 1921. Mustafa Kemal en sortit renforcé !*

Nous n'étions plus dans la configuration du Traité de Sèvres signé en août 1920. La géopolitique avait évolué. La Cilicie, Nusaybin et le Tur Abdin avaient été donnés par la France à la Turquie. Avec ce nouveau traité, la France venait d'abandonner une des raisons pour lesquelles elle était présente au Levant. Les perspectives d'émancipation des Assyro-Chaldéens s'amenuisaient. Les promesses de la France fondirent comme neige au soleil. Beaucoup en furent dépités, se sentant comme trahis. Mon père aussi, évidemment. Il en nourrissait une grande désillusion. Il s'était engagé pour la France, dans ce bataillon, parce qu'elle avait promis aux Assyro-Chaldéens qu'ils auraient une patrie. Cette promesse ne fut jamais honorée. Mon père ne se remit jamais vraiment de cette blessure. Mais la vie continuait son cours.

En 1921, avant qu'il ne monte à Hassaké, mon père, déjà marié depuis 2 ans, était seul à Deir-ez-Zor, sans famille. Pendant ce temps, à Tiflis, où se trouvait ma mère, régnait une certaine agitation. Lénine et ses bolcheviks faisaient face aux forces mencheviks de l'ancien régime tsariste. Faute de nouvelles de mon père, mon grand-père maternel prit la décision d'emmener ma mère en Syrie. Ils arrivèrent à Deir-ez-Zor après maintes péripéties. Mon grand-père confia ainsi ma mère à mon père et repartit.

Mon père resta dans le bataillon qui opéra aussi dans la région de Ras al-Aïn jusqu'aux premiers mois de 1926, puis à Kamechlié (Kamichli), au sud-est de Nisibe. Ce bataillon assyro-chaldéen sera finalement enrôlé dans la 11$^{e}$ compagnie du 2$^{e}$ régiment de la

Légion Syrienne, puis dans le 8e bataillon du Levant, dirigé en 1934 par le commandant assyro-chaldéen Melchisedek Ayvasoff, admis au traitement de la Croix de chevalier de la Légion d'honneur en 1930. Malgré les difficultés et l'évolution du contexte géopolitique, les Assyro-Chaldéens ont toujours œuvré au service de la France à la stabilisation de la frontière turco-syrienne[4].

Mes parents vivaient de la solde de mon père. Cette solde des recrues du bataillon était modeste. Un franc par jour. Pour les motiver on leur proposa environ 6 francs dans la Légion Syrienne, ou bien 8 francs dans la gendarmerie. Mon père gravit quelques échelons dans la hiérarchie militaire jusqu'au grade de lieutenant. Il aurait pu s'installer en France, continuer sa carrière militaire dans quelques-unes des colonies françaises, mais il refusa.

Mon père toucha alors une petite pension militaire. Quand la France quitta la Syrie[5], elle négocia avec le ministère des finances syrien pour que ses troupes auxiliaires indigènes aient une retraite militaire. Dans les registres syriens, il est indiqué que mon père, Sayed Bablo Yacoub, lieutenant de l'armée du Levant, touchait 1399 piastres syriennes. Il faut dire qu'en Syrie, mon père était connu sous le nom de Bablo, parce qu'en arabe la lettre P de son prénom Paulus-Pablo, n'existe pas. C'est ainsi que sur mes propres papiers d'identité syrienne, il est écrit Joseph Bablo Yacoub.

D'ailleurs, au Liban, pendant mes études, on m'appelait souvent Bablo. Je me souviens à ce propos que le jour de l'affichage des résultats du baccalauréat, je ne trouvais pas mes résultats sous le nom de Bablo... Petite frayeur... Finalement, j'ai cherché et trouvé sous le nom de Yacoub...

*Quel rapport ton père entretint-il avec les Français et avec la France ?*

Même si la France n'avait pas respecté ses engagements, mon père ne la critiquait pas, ou peut-être ne voulait-il pas le faire. Il aimait la France. C'est ainsi. Pour lui, j'allais acheter régulièrement le journal libanais francophone *L'Orient* (avant qu'il ne devienne *L'Orient – Le Jour*). Il était heureux en compagnie des Français, avec lesquels il aimait boire du *Martini* et du *Cinzano*.

Quand les Français partirent de Hassaké, mon père perdit tout. À commencer par ses parents, son village, le rêve d'une patrie et, pour finir, les raisons mêmes de sa présence à Hassaké. Il ne comprenait plus ce que nous faisions dans ce pays, la Syrie. Il mena alors une vie de quasi-ermite. Mes parents restèrent à Hassaké, jusqu'en 1964-1965, après quoi ils partirent à Beyrouth. Mon père vivait assez mal cette nouvelle vie, tardive, dans un petit appartement de la banlieue de Beyrouth. Il retourna une ou deux fois à Hassaké, où demeuraient encore deux de ses filles, mes sœurs Élisabeth et Sarah. Et puis, finalement, il revint à Beyrouth.

C'est là que s'acheva sa vie. Mon père est décédé en 1974, quasiment dans les bras de ma sœur Élisabeth, juste avant la guerre civile. Il n'y avait pas de cimetière chaldéen à Beyrouth. Il fut donc inhumé dans le cimetière syriaque-catholique qui se retrouva pendant la guerre civile libanaise sur la ligne de démarcation, rue de Damas, entre Beyrouth-est et Beyrouth-ouest.

Quand je suis retourné au Liban, avec Claire, au tournant de l'an 2000, l'histoire s'était comme arrêtée à cet endroit. Le sol du cimetière était encore retourné par les batailles, les tombes étaient renversées et trouées de balles. Je n'ai pas retrouvé la sépulture de mon père. Nous nous sommes alors recueillis dans un endroit symbolique du cimetière.

## 4

# Ma mère

*Ta mère, Banosha, occupe une place très sensible dans ce livre. Tu le lui dédies. En t'invitant à parler de ta mère, je pense à Mayrig, la maman arménienne de Henri Verneuil. Dans ton cas, c'est ici Yi'mi, la maman assyrienne... Le même courage, le même amour pour ses enfants et sa famille, la même abnégation...*

Tout le monde appelait ma mère Bosha. Ce prénom est un diminutif de Banosha, qui veut dire violette. C'est un mot persan. Sa mère s'appelait Sarah et son père Gorié (la version araméenne de Gabriel). Elle est née probablement en 1904. C'est en tout cas ce qui est inscrit sur ses papiers. Elle naquit à Pataver, un village verdoyant de la plaine de Salamas, proche de celui de mon père. Pataver, tout comme Khosrawa, étaient anciennement des villages assyriens adeptes de l'Église de l'Orient. Sous l'influence des missionnaires latins, ils sont devenus chaldéens catholiques.

Elle migra à Tiflis avec ses parents, alors qu'elle avait une dizaine d'années. Son père y exerça le métier de conducteur de fiacre. Les taxis de l'époque ! Il faut dire qu'il y avait du travail à Tiflis. C'était la plus grande ville du Caucase, avec une grande gare où les fiacres attendaient l'arrivée des voyageurs et des marchandises. À Tiflis, il y avait un quartier nommé *Koukia* où habitaient les Assyriens et les Chaldéens d'Iran. C'est là, sans doute que devait habiter sa famille.

*Ta mère fut mariée très jeune. Elle devait avoir entre 16 et 17 ans ?*

C'était autrefois une pratique ordinaire. En 1920, elle épousa mon père à l'église catholique Saint-Pierre-et-Paul, desservie à cette période par des prêtres chaldéens. Cette église existe toujours, connue sous le nom d'église des Polonais. De nombreux documents (baptêmes, mariages) ont disparu suite aux graves incendies lors de la période stalinienne. Ne subsiste qu'un seul registre de baptêmes.

Après son mariage, mon père partit en Syrie s'enrôler dans le bataillon assyro-chaldéen, recruté par la France. Ma mère demeura auprès de ses parents à Tiflis et ne retrouva son mari que plus tard en 1921 à Deir ez-Zor en Syrie, grâce à la sagacité de mon grand-père maternel qui l'y amena, au terme d'un long et périlleux voyage, en passant par Batoumi,

Sébastopol et Constantinople. Après son départ, ma mère n'eut plus jamais de nouvelles de ses parents. Une seule lettre lui parvint en 1922, narrant le retour de mon grand-père à Tiflis, dans un contexte fortement chamboulé : renforcement de la Turquie kémaliste et soviétisation du Caucase. À Constantinople, jugé suspect, il fut même emprisonné quelques jours. Dans cette même lettre, il lui apprit que sa maman Sarah avait été hospitalisée. Et ce fut l'ultime contact avec ses parents.

Sans nouvelles, privée de ses parents, ma mère garda toute sa vie cette profonde blessure. Elle se donna ainsi entièrement à sa propre famille.

*Et quelle famille !*

Ma mère porta onze enfants dont cinq décédèrent prématurément. Elle perdit à Tiflis son premier né, Yaco (Jacques). Deux autres furent inhumés en 48 heures. La malaria était son doute l'une des causes de ces morts. Installée d'abord à Deir ez-Zor, elle suivit ensuite mon père à Hassaké, lorsque le bataillon assyro-chaldéen s'y implanta. Elle n'avait sans doute pas 20 ans. Fébronia y naquit en 1928. Elle rompit la malédiction des décès précoces. Cela dit, à l'âge de 7 ans, Fébronia accompagna en pèlerinage à Jérusalem mon père, ma mère et le petit frère Yaco, le deuxième du nom. Yaco était malade et fragile. Pour le guérir, ma mère le plaça sur le tombeau du Christ. Il vécut encore trois ans avant de s'éteindre.

Ma mère, toute dévouée à ses enfants et sa famille, éleva ses six enfants avec beaucoup d'amour, mais aussi de fermeté. Je me souviens encore lorsqu'elle me pinçait fortement après mes retours d'escapade… Elle s'occupait avec autant d'énergie de sa maison. Après le renoncement de la France à faire respecter sa promesse d'une patrie pour les Assyro-Chaldéens, mon père s'isola de plus en plus, tel un moine dans la maison, et dès lors ma mère assuma tout ou presque, sauf les travaux de construction et de réparation.

Ma mère avait des parents que les intempéries de l'histoire avaient dispersés. Cette situation singulière illustre parfaitement le drame vécu par ces communautés pendant et après la Grande Guerre. Son oncle Shimoun, le frère de Sarah, sa maman, était à Téhéran en Iran. Sa famille émigra en Californie. Son fils Audisho vint un jour voir ma sœur Élisabeth à Chicago et lui dit que son père Shimoun aurait tant souhaité voir sa nièce Bocha et, chaque fois qu'il en parlait, ajoutait-il, il en avait les larmes aux yeux. En Géorgie, ma mère avait une cousine Cécilia, fille de son oncle paternel, à laquelle elle était très attachée. Elle voulut même, sans succès, l'emmener avec elle en Syrie. Toutefois, elle eut la joie de revoir de proches parents à Hassaké et au Liban, pareillement malmenés par la vie.

En 1933, elle rencontra Rapka (Rebecca), sa cousine, originaire de Pataver, son village natal. Mariée à un Assyrien du Hakkari, réfugiée à Salamas en 1916, Khaltou Rapka (tante Rapka) fit avec lui et avec toute la communauté assyrienne le chemin de l'exode douloureux vers Bakouba en Irak. Lors des massacres de Simélé en août 1933, son mari fut porté disparu. Elle se remaria avec quelqu'un de la famille de son premier mari, au sein de la même tribu : les Liwan. Ils se réfugièrent en Djézireh syrienne avec leur fille Wardi. Quelle fut la joie de ma mère de retrouver sa cousine et sa fille à Hassaké ! Ils s'installèrent ensuite au Liban, dans le quartier Sad-el-Bauchriyeh, à proximité de Beyrouth. Wardi se maria avec Youkhanna, dont la famille assyrienne était venue de Russie. Je les ai bien connus. J'ai vécu moi-même dans ce quartier.

Ce ne furent pas les seules retrouvailles. Elle retrouva aussi son cousin Stéphane (surnommé Babico), lui aussi de Pataver, qui, venu de Russie, arriva en Irak où il s'était enrôlé dans les Assyrian Levies (l'équivalent britannique du bataillon assyro-chaldéen). Après les massacres de Simélé, il se réfugia à Hassaké où il rencontra ma mère. Une autre rencontre vint de plus loin, cette fois d'Argentine, celle de la famille Kamandaro, où Yosep (Joseph) avec sa femme Esther s'étaient installés. Ils cherchaient à renouer quelques liens après les drames vécus par les leurs. En 1973, Esther (parente de ma mère) et son fils Paulus vinrent au Liban rencontrer ma mère[1].

*C'est grâce à l'amour et à l'abnégation de ta mère que tu es devenu ce professeur engagé et prolifique !*

J'étais très attaché à ma mère. C'est grâce à elle que j'ai pu faire des études. Elle y tenait plus que tout, parce qu'elle avait elle-même été frustrée de ne pas avoir pu en faire, à cause des circonstances politiques (batailles entre les bolcheviks et les armées blanches) et de l'insécurité. Elle savait à peine écrire, à peine lire… C'était une réelle souffrance pour elle. Aussi, elle se privait pour l'éducation de ses enfants. Je lui dois tout. Elle m'inscrit la première année comme pensionnaire à Beyrouth chez les Capucins dont elle fit la connaissance grâce à ma sœur Fébronia. C'est encore ma mère qui m'emmena de Hassaké à Beyrouth la première fois en bus. Je me souviens de cet itinéraire fantastique, les paysages syriens et libanais défilant lentement sous mes yeux d'enfant enthousiasmé. L'année suivante, je rentrai chez les Frères Maristes. Et bien sûr, il fallut payer. Ce ne fut pas une simple affaire. Pour y parvenir, ma mère rencontrait des femmes de son entourage à Hassaké, dans le cadre d'une forme de coopérative. Elle leur empruntait de l'argent avec intérêts et payait ainsi ma scolarité. Elle les remboursait en économisant un maximum d'argent sur la retraite de mon père et sur la location des chambres de notre maison. Plus que tout, pour m'offrir la meilleure éducation possible, elle se priva ainsi de la présence de son fils unique dans le foyer familial. Mes parents prenant de l'âge, d'autres contraintes apparurent. Les distances étaient longues entre Hassaké et Beyrouth et les voyages onéreux. Je rentrai en général une fois l'an en été.

À partir de 1964, ma famille commença progressivement à s'installer au Liban. Nous nous retrouvions ainsi tous ensemble. Après la mort de mon père, à Beyrouth, en 1974, ma mère vint en France. On découvrit qu'elle avait un cancer, alors que je venais tout juste de commencer à enseigner à l'Université catholique de Lyon en juillet 1975. Elle rendit son dernier souffle le mercredi 19 novembre 1975, à Irigny, où travaillait ma sœur comme infirmière, après avoir quitté le couvent. Elle y est inhumée.

En 2016, je me suis rendu avec Claire, à Pataver son village natal en Iran. J'étais bouleversé. Je n'avais jamais visité Pataver et je m'y trouvai presque 100 ans après qu'elle l'eût quitté. Je n'avais que peu de repères mémoriels. Heureusement, il y avait encore l'église Saint-Jacques-l'Intercis (*Yacou M'paska*). Cette église porte le nom d'un martyr de l'Église d'Orient torturé à mort par les Perses au IVe siècle. Chose providentielle, ce même jour, on célébrait les quarante jours de la mort d'une personne à l'église puis au cimetière du village. Ce fut pour moi un signe comme s'il fallait revenir ici, pleurer nos morts, pour enfin les soulager ! Nous nous sommes ensuite retrouvés dans une grande salle entourée d'une multitude de gens à Khosrawa, venus de Téhéran et d'ailleurs, pour partager un repas, boire un thé, rencontrer les anciens, se raconter des souvenirs… La vie reprit ainsi son cours. J'avais le sentiment d'être à ma place.

# 5

# Thomas, notre apôtre !

*Nous sommes aujourd'hui le 3 juillet. C'est la fête de saint Thomas, l'apôtre de l'Église d'Orient. Thomas est considéré comme l'évangélisateur de la Mésopotamie, de la Perse et de l'Inde. Mort martyr en Inde, il étendit le christianisme jusqu'aux « limites du monde ». Tous les chrétiens de cette église, qu'ils soient assyriens ou chaldéens, se reconnaissent en saint Thomas. Que représente-t-il pour toi, pour les Assyriens, pour les Chaldéens, pour les Indiens ?*

Thomas l'apôtre m'est très familier depuis le plus jeune âge. Quand j'étais enfant, le père Augustin ne manquait pas de nous répéter que saint Thomas évangélisa la Mésopotamie persane et l'Inde. Mon père aussi, qui, par ses lectures, nous narrait l'histoire de saint Thomas de la Galilée jusqu'aux Indes. J'étais émerveillé par cette épopée.

Une des grandes fêtes de l'Église de l'Orient dans ses deux composantes, assyrienne et chaldéenne, est celle de Thomas l'apôtre, le 3 juillet. Cette date commémore son martyre, en 72 à Mylapore, en Inde du sud. Aujourd'hui encore, cette fête est partagée par les autres communautés chrétiennes en Syrie, en Irak, en Iran, en Inde et bien au-delà à travers le monde.

*L'Occident entretient une vision médisante de saint Thomas. C'est celui qui ne croit que ce qu'il voit. C'est ainsi que les peintres de la Renaissance le représentent systématiquement. C'est ainsi qu'on le perçoit encore aujourd'hui. En vérité, Thomas est un apôtre remarquable.*

Le rôle de Thomas n'est pas moins important que ceux de Pierre et de Paul. Cependant, comme Thomas s'est dirigé vers l'Orient, il est malheureusement moins connu en Occident, alors qu'il est cité par tous les Pères de l'Église. Par Eusèbe de Césarée, dans son *Histoire ecclésiastique*, par Jean Chrysostome, par Grégoire de Naziance... Le grand chroniqueur de l'Église arménienne, Moïse de Khorène parle de lui et le rattache au royaume d'Édesse.

Édesse (Ourfa en Turquie), capitale du royaume d'Osrhoène, fut une métropole importante de populations araméennes et surtout la plaque tournante de la diffusion du christianisme de langue araméenne vers les régions trans-euphratiques (Mésopotamie, Perse), sous les Parthes dès le premier siècle. C'est en partant d'Édesse que les disciples atteignirent l'Assyrie, l'Adiabène et la Babylonie. Durant les premiers siècles, on dit aussi qu'il y eut à Édesse jusqu'à 300 monastères ! Le philosophe Bardesane d'Édesse (154-222) dans son *Livre des lois des pays* [1], témoigne de l'historicité antique de cette chrétienté. Plus proche de nous, le cardinal Jean Daniélou, spécialiste du christianisme des premiers siècles, écrit que les Actes des Apôtres présentent la mission d'évangélisation comme rattachée principalement aux hellénistes, mais, ajoute qu'il y a aussi une mission araméenne : « Eusèbe nous dit que Thomas évangélisa les Parthes. » Il considère en parlant des Actes des Apôtres que « celui qui écrit est un grec » et qu'il « a écrit pour des Grecs ». Il en conclut qu'il « s'intéresse peu au christianisme de langue araméenne » et qu'il est même « hostile au judéo-christianisme ». Or, le tout premier christianisme est pour une bonne part de langue araméenne [2]. Saint Thomas est ainsi la figure tutélaire de ce christianisme qui se répandit vers l'Orient en langue araméenne et dans ses différentes expressions et variations syriaques.

L'Église de l'Orient fait remonter son origine à Thomas l'apôtre. Thomas, accompagné de Thaddée (connu en Orient sous le nom d'Addaï), évangélisa la Mésopotamie et la Perse. Addaï se serait aussi rendu à Édesse pour guérir le roi lépreux Abgar [3]. Selon différentes traditions, Abgar V, atteint de maladie, envoya des émissaires à Jésus, pour l'inviter en son royaume, afin de lui offrir protection et obtenir de lui sa guérison. Jésus lui fit répondre qu'il lui enverrait un de ses apôtres. Ce serait Thomas, ou Addaï/Thaddée, voire les deux, car nul ne voyageait vraiment seul à l'époque.

*Certains n'y voient qu'une légende !*

Une légende qui dure 2 000 ans n'en est plus une. Elle fait partie de nous, pourrait-on dire. Légende vient du verbe latin *legere* qui veut dire lire. On pourrait même dire que le tout premier royaume chrétien de l'histoire est celui d'Abgar. Addaï est d'ailleurs considéré comme le bâtisseur de l'Église de Babylone et de son siège de Séleucie-Ctésiphon, premier centre de l'Église d'Orient. Mari, disciple d'Addaï, est tenu pour le fondateur authentique de cette Église et son premier évêque.

*Que sait-on des étapes du grand voyage de Thomas ? De tous les apôtres, il est sans doute celui qui accomplit le plus long parcours. On le dit à Édesse en Asie Mineure, à Ninive (Mossoul) en Mésopotamie, à Ourmia en Perse, à Mylapore en Inde. Un aventurier de la foi en quelque sorte ! Quel périple ! Comment a-t-il pu se rendre en Inde ?*

Thomas est passé par la Mésopotamie, c'est certain. C'était bouleversant d'avoir pu visiter ensemble, avec l'association Mesopotamia, la vieille église syriaque-orthodoxe Mar Touma à Mossoul, construite, dit-on, là où séjourna l'apôtre. On trouve aussi ses traces en Iran autour du lac d'Ourmiah, où il est dit qu'il baptisa des fidèles. Au bord de ce lac, à Mar Noukha, il y a un petit village et son église que nous avons pu visiter. Noukha veut dire « repos ». La tradition rapporte donc que Thomas s'y reposa avant de partir aux Indes. Thomas aurait atteint les Indes par la mer, où il serait arrivé à Kodumgallur (Cranganore), port du Kérala, en l'an 52, en passant par l'île de Socotra. On suppose qu'il put embarquer au sud de la Mésopotamie, sur les rives du Golfe Persique. Il y poursuivit son apostolat et aurait même converti le prince Gundaphor. En Inde, il aurait subi le martyre, tué à coups de lances, à Mylapore, au sud de Madras, en l'an 72.

*Le voyage de saint Thomas n'a pas pris fin avec son martyre en Inde. Ses reliques ont également voyagé. On pourrait même dire qu'il s'agit d'un voyage retour, posthume, jusqu'à Édesse !*

Ses reliques furent ramenées à Édesse, par un marchand au IIIe siècle. Cette translation est rendue célèbre par des hymnes (*midrash*) que saint Éphrem lui consacra au IVe siècle. Dans son récit de voyage, *Itinéraire,* la pélerine Égérie, qui se rendit à Jérusalem puis à Édesse, se recueillit devant le martyrium et les reliques de saint Thomas en l'an 384. D'ailleurs, les livres religieux orientaux mentionnent à plusieurs reprises la mort de Thomas en Inde. Lors de l'office chaldéen pour la fête de saint Thomas, le 3 juillet, il est dit dans le Bréviaire que le Saint-Esprit envoya Thomas au pays des Indiens et qu'il est mort là-bas, percé par une lance.

L'apôtre et ses compagnons auraient suivi les routes empruntées par les marchands jusqu'en Inde du nord, où ils auraient pris un navire pour rejoindre la côte Malabar jusqu'à Cochin où des marchands juifs étaient présents très tôt. Certains estiment leur présence depuis le VIII^e^ siècle avant notre ère. De là-bas, il se serait aussi rendu sur la côte de Coromandel à Mylapore vers Madras. On ne le dit pas assez, les premiers disciples rejoignaient souvent leurs proches, c'est-à-dire les communautés juives. N'oublions pas que c'est un marchand qui rapporta les reliques de Thomas à Édesse.

En Inde, on continue aujourd'hui à vénérer son tombeau présumé, vide, retrouvé par les Portugais en 1517. En effet, quand les Portugais arrivèrent en Inde à partir de 1501, ils virent la tombe de saint Thomas où les Indiens venaient se recueillir. Mais il faut savoir ensuite ce que firent les Portugais et leurs missionnaires aux Chrétiens de saint Thomas. Ils les convertirent de force au catholicisme latin et brûlèrent leurs livres anciens. À partir du XVI^e^ siècle, l'Église indienne de saint Thomas, unie depuis ses origines à l'Église d'Orient de Mésopotamie, subit plusieurs divisions. Néanmoins, les chrétiens du sud de l'Inde (les Syro-Malabars et les Syro-Malankars) perpétuent toujours fidèlement cette tradition et leur affiliation à Thomas.

Rome est loin d'être la seule Église apostolique. Il ne faut jamais l'oublier. Les Actes de Thomas et les Actes de Mari, publiés par Paul Bedjan (en syriaque classique), nous éclairent sur la propagation du message chrétien en Assyrie, sur l'implantation de l'Église dans les contrées orientales et sur la trajectoire de l'apôtre Thomas, même si ces textes ne sont pas canoniques pour l'Église latine. Qu'importe. Ils sont légitimes pour l'Église d'Orient. Les Actes de Thomas, qui relatent son apostolat et son martyre en Inde, furent rédigés en syriaque au début du IIIe siècle à Édesse. Ce récit est d'autant plus utile que les Actes des Apôtres ne mentionnent nullement Édesse.

Thomas l'apôtre, grand voyageur et évangélisateur, serait aussi à l'origine d'autres textes. Ainsi l'Évangile de Thomas, découvert en Égypte en 1945, à Nag Hammadi et considéré comme apocryphe, laisse entrevoir autre chose. Ce texte écrit en copte est composé de 114 paroles, appelées *logia* en grec, sans récit ni histoire. Il s'agit tout simplement des phrases, des paroles que Jésus aurait dites à Thomas. Des spécialistes affirment qu'il aurait été vraisemblablement écrit à Édesse en araméen. Ce texte est jugé comme faisant partie du courant gnostique, un courant relativement important dans l'Église à l'époque. Thomas aurait-il fait partie de ce courant ? Il est gnostique parce qu'on l'accuse de l'avoir été. Aujourd'hui encore on se penche sur cet évangile et d'autres textes de Thomas. Tout cela n'enlève en rien au fait que Thomas l'apôtre est reconnu comme l'évangélisateur de la Mésopotamie et de la Perse jusqu'aux Indes, rien de moins.

Pour moi, comme pour tous les chrétiens de Syrie, de Mésopotamie, de Perse, et d'Inde, Thomas est bien plus qu'un apôtre. Il est un compagnon, un ami, un père. Il est aussi le dépositaire d'une part essentielle de notre identité.

# 6

# Une terre de grands maîtres

*La Djézireh de ton enfance, cette terre orientale au croisement de la Syrie et de la Mésopotamie, au carrefour des empires romain et perse, est une terre riche en maîtres spirituels de langue syriaque, qui ont évolué au contact des mondes grec et arménien. Peux-tu nous en faire part ?*

J'ai eu une très grande chance de naître sur une terre aussi fertile, porteuse de messages universels, où vécurent un si grand nombre de maîtres spirituels. J'aimerais en proposer quelques figures importantes rarement invoquées.

Jacques de Nisibe (mort en 338) est une de ces références majeures et sa ville Nisibe est un haut lieu de l'histoire du christianisme syriaque, au cœur de cette Djézireh en Haute-Mésopotamie. Né à Nisibe même, il est chanté et loué dès le IVe siècle par saint Éphrem dans ses hymnes relatifs à cette ville (*Carmina Nisibena*, Chant de Nisibe). D'abord ermite puis deuxième évêque de cette cité, il y construit une grande église, entre 313 et 320, à une époque au cours de laquelle, dans l'Empire romain, le christianisme était tout juste toléré. Jacques de Nisibe prit part au concile de Nicée (325) et fonda l'école théologique de Nisibe. Appelée par les Syriaques Bet-Tkhouma (ville-frontière), Nisibe fit face à de nombreuses attaques des Perses sassanides. Jacques participa activement à la défense de la ville jusqu'à sa mort en l'an 338. Au ve siècle, Théodore de Cyr fit son éloge dans ses écrits.

Jacques de Nisibe n'est pas seulement une référence pour l'Église de l'Orient et les Syriaques, mais aussi pour les Arméniens jusqu'à aujourd'hui. Grégoire de Narek écrivit sur Jacques des hymnes panégyriques. À Lyon, l'actuelle église apostolique arménienne, Saint-Jacques, porte en fait le nom de saint Jacques de Nisibe, qui n'était pas arménien !

*Au panthéon de tes grands maîtres syriaques, il faut évidemment citer saint Éphrem !*

Natif de cette même ville de Nisibe, saint Éphrem est très certainement le plus illustre théologien de cette région. Son œuvre est immense. Immenses sont aussi les commentaires et les écrits qui lui ont été consacrés. Mon propos se limite donc à quelques souvenirs, aux chants de saint Éphrem, à l'église chaldéenne et au jeûne des Ninivites toujours pratiqué en signe de repentance. Son souvenir est très largement entretenu chez les chrétiens d'Orient. Auteur par excellence, appelé *Mar Aprem Malpana*, il est vénéré par toutes les Églises orientales. Il fut l'un des premiers à avoir commenté pratiquement toute la Bible.

Austère et humble, il menait une vie d'ascète en société. Il avait le souci du peuple. Il resta diacre toute sa vie et ne voulut jamais gravir les échelons ecclésiastiques. Au lendemain de l'occupation de Nisibe en 363 par les Perses, il quitta sa cité pour s'installer à Édesse jusqu'en 373, année de sa mort. Comme Éphrem, tous les habitants de Nisibe prirent le chemin de l'exil vers Édesse, où ils fondèrent l'école théologique d'Édesse.

Dans *Carmina Nisibena*, il pleure sa ville natale dévastée par l'occupant perse. On ne pourrait mieux illustrer son importance symbolique que par ses écrits sur le signe de Jonas et le jeûne des Ninivites (*Ba'outa d'Ninwayé*)[1] qui se repentirent à l'écoute du prophète[2]. Ces textes sont très beaux car ils sont tous écrits en hymnes. Ce sont des textes lyriques et poétiques, au point que cela pourrait déboussoler un Occidental non familiarisé avec cette manière d'aborder la Bible. Faisant le lien avec le Christ, à qui on demanda un signe pour demain, Éphrem dira qu'il ne lui sera donné que celui du prophète Jonas. De même que Jonas fut pendant trois jours dans le ventre du poisson, ainsi le fils de l'Homme jaillit du cœur de la Terre. Éphrem proposa cette métaphore : « Ainsi le fils de l'Homme, sera dans le cœur de la Terre. À l'avance, notre Seigneur indiquait qu'on ne pouvait pas le tuer car depuis mille ans déjà le symbole annonciateur de sa mort avait été fourni en Jonas. ». Cet hymne est non seulement le symbole annonciateur de la Passion du Christ, mais aussi de sa Résurrection.

Éphrem fut un auteur prolifique d'homélies métriques, d'hymnes lyriques (*madrāšê*) chantés et de plus de 500 poèmes. C'est sans doute pour cela qu'on le qualifie de *Kn'ara d'Roukha d'Koudcha* (Harpe du Saint-Esprit). Il écrivit sur la foi, la doctrine trinitaire, la christologie, le jeûne, la virginité, l'eucharistie, la Pâques, la Nativité, l'Épiphanie, et j'en passe. Il condamna aussi les hérésies. Il était un peu comme saint Irénée. À ce titre, il ne ménagea pas Bardesane d'Édesse. Homme de son temps, il adopta l'Évangile de Tatianos (ou Tatien), le *Diatessaron* du IIe siècle, qui, lors des cinq premiers siècles, fut l'Évangile le plus largement répandu en Orient. Tatianos avait pris en effet les quatre évangiles pour n'en faire qu'un seul. Son texte avait largement circulé, ce qui explique pourquoi saint Éphrem rédigea un livre appelé *Commentaires sur le Diatessaron*.

Un siècle plus tard, le syriaque Jacques de Saroug composa un livre qui lui était exclusivement dédié.

Saint Éphrem eut la chance de vivre avant les schismes des conciles d'Ephèse (431) et de Chalcédoine (451). Il fait ainsi l'unanimité en Orient. L'Occident le découvre avec admiration. Il a été traduit en de multiples langues et en premier en arménien. De nombreux écrits lui sont consacrés à travers le monde et particulièrement en France. Aussi, le Pape Benoît XV finit par le proclamer docteur de l'Église en 1920.

*Les traducteurs arméniens ont joué un rôle important dans la diffusion des textes syriaques et de la Bible !*

Effectivement les exemples ne manquent pas. Les écrits en langue syriaque de saint Éphrem furent traduits en langue arménienne et parfois conservés uniquement dans cette langue. Ce n'est pas anecdotique. Il faut dire que dans cette haute Mésopotamie, aux frontières des empires, les maîtres syriaques et arméniens entretenaient un dialogue théologique florissant.

Selon les experts, la Bible aurait été le premier livre traduit au V^e^ siècle du syriaque à l'arménien grâce au moine Mesrop Machtots, inventeur de l'alphabet arménien et à son commanditaire le Catholicos Sahag. Les Arméniens ont également écrit sur le *Diatessaron* de Tatianos. De nombreux commentaires patristiques furent également traduits du syriaque. La célèbre *Chronique* de Michel le Syriaque, dans laquelle ce patriarche du XII^e^ siècle traite de l'histoire de l'Humanité, a été redécouverte en Europe grâce à sa traduction arménienne. Elle contient des détails historiques inouïs.

Saint Irénée de Smyrne, au IIe siècle, deuxième évêque de Lyon et docteur de l'Église depuis 2021, écrivit une œuvre théologique importante en réaction à la doctrine gnostique de son époque. On peut citer *Contre les Hérésies*, ainsi que *Démonstration de la prédication apostolique*. La première a été partiellement retrouvée en langue arménienne. Le texte intégral de la seconde a été miraculeusement découvert en 1904, à Erevan, en langue arménienne. C'est dire l'importance des maîtres arméniens aux côtés des maîtres orientaux syriaques et grecs.

Je me souviens qu'à Décines, près de Lyon, le regretté ami Jules Mardirossian avait à cœur de souligner lors de nos discussions que les premières et les meilleures traductions étaient du syriaque à l'arménien.

J'aimerais aussi rappeler le rôle de Ras al-Aïn qui fut un centre syriaque majeur. Au VIe siècle, Sergius de Rich Aïna fit des allers-retours entre cette ville et Alexandrie, où il allait étudier. Il faut imaginer l'intensité de la circulation des savoirs à cette époque pour comprendre l'importance d'un tel voyage ! Sergius traduisit nombre de textes du grec au syriaque. Il fit connaître aux Syriaques les livres d'Aristote qu'il traduisit et annota. Il composa un livre de logique en sept volumes et traduisit également Isagogée de Porphyre. Il disserta aussi sur l'univers et sur l'âme. Au XIIIe siècle, Bar Hebraeus cite ses travaux. Il est même commenté dans les dictionnaires de philosophie en France et fait l'objet de travaux universitaires.

Tous ces auteurs méritent que l'on y soit un peu plus attentif. Les contacts, les rencontres, les voyages entre ces cités et ces territoires étaient autrefois courants. Cela s'est manifesté dans tout ce travail de traductions que nous venons d'évoquer. Dans cette mouvance, il faut saisir l'importance de l'œuvre du moine arménien Grégoire de Narek, près du lac de Van, en Haute-Mésopotamie, quand il écrivit sur Jacques de Nisibe ou sur saint Éphrem.

En plongeant notre regard sur ces échanges théologiques et linguistiques en Djézireh, on mesure mieux la qualité des liens qui existaient entre ces nations et les points communs entre leurs Églises respectives. C'est une leçon magnifique pour le monde d'aujourd'hui. Aussi, on devrait s'en souvenir pour construire et enrichir le dialogue, plus qu'urgent, entre les civilisations orientales.

DEUXIÈME PARTIE

# DU PAYS DES CÈDRES AU RHÔNE

7

# Au Liban

La terre est identité et combien plus si elle est terre du Christ et de ses disciples.

BECHARA RAÏ, *Patriarche maronite*[1]

*Parlons à présent du Liban. Lorsque je pense au Liban, je pense au poète Khalil Gibran et à sa tombe située dans la vallée de la Qadisha, dans une ancienne église transformée en musée : l'église syriaque orthodoxe Mar Gorgis. Puisque nous faisons le lien avec les langues, une pièce magistrale de ce musée me vient à l'esprit. C'est un rideau d'autel, en soie, brodé avec des inscriptions en lettres capitales arméniennes. On peut y voir la crucifixion du Christ. Sur la tombe de Gibran, je me représente un Liban multiculturel, un Liban poétique, un Liban de cèdres millénaires, un Liban chrétien, un Liban de rêve. Le Liban ne se résume évidemment pas à cette interprétation magnifiée.*

*Le Liban est aussi l'autre pays de ton enfance. Le pays où s'est façonnée ton éducation, ta culture et ton ouverture au monde. Le pays où tu as rencontré la France du Levant. Il y a tant à dire sur ton Liban.*

Je te rejoins entièrement dans cette évocation. Même si je suis né en Syrie, je me sens pleinement libanais. Lorsque j'entends le mot liberté, c'est au Liban que je pense, à sa singularité et à sa multiculturalité. Le Liban, c'est la liberté d'expression et la liberté de la presse, qui ont fondamentalement imprégné les Libanais. Les Libanais ont une réelle culture de la démocratie. Ce pays m'a enseigné le bilinguisme, grâce à ses écoles et à ses universités. C'est aussi une caractéristique majeure du Liban. J'en ai amplement bénéficié. J'y ai acquis une solide formation en arabe et en français. Voilà quelques éléments pour introduire.

Tout cela en Syrie, je ne le savais pas. En suivant les conseils d'amis proches, mes parents ont décidé de m'envoyer au Liban pour y faire mes études. Ma sœur, qui était en France, eut un rôle décisif. C'est elle qui prit contact avec les pères capucins qui avaient une école à Ras al-Hamra à Beyrouth, où je suis arrivé en 1955 à l'âge de 11 ans. J'y fus pensionnaire durant un an. J'ai donc quitté Hassaké, une région plate et steppique, les rivières Khabour et Jaghjagh et leurs pauvres villages, pour d'autres horizons. Arrivé à la hauteur de la côte libanaise, au niveau de la ville de Tripoli, installé dans un bus venant d'Alep, le nez collé à la vitre, je me souviens encore aujourd'hui de l'émotion qui m'envahit lorsque je vis pour la première fois la mer et son immensité. J'étais rempli de joie. Ma mère me regardait en souriant. C'est elle qui m'accompagna pour ce premier voyage. Ici la mer côtoyait les montagnes. Émerveillé par le littoral libanais, je voyais une terre cultivée, alors que dans la Djézireh il y avait tant de régions arides et semi-désertiques. Cette beauté physique du pays des Cèdres m'envoûtait littéralement. Ce premier contact avec le Liban me marqua profondément. Ce premier voyage fonda mon grand attachement spontané à ce pays.

J'ai passé ma première année au Liban chez les Capucins. Cela me permit d'améliorer mon français, dont j'appris les rudiments auprès des Sœurs franciscaines de Hassaké et de mon père. Cette première année se termina par un tremblement de terre et quelques prémices de la guerre civile qui embrasa le pays 20 ans plus tard. Loin de mes parents, à plus de 800 km, j'allais parfois les week-ends chez une amie très proche de ma mère, Khaltou Almas (tante Almas), originaire de son village natal Pataver. Chaldéenne, elle vivait dans le nord de Beyrouth avec son mari assyrien « nestorien » et leur fils Yonan. Ce dernier devint prêtre (marié) de l'Église d'Orient. Il émigra plus tard en Australie, où j'eus l'occasion de le retrouver, à Fairfield, en 1988.

Après les Capucins, je poursuivis mes études dès la deuxième année chez les Frères Maristes à Jbeil, l'ancienne Byblos, la ville du livre. Une des premières bibliothèques au monde s'y trouvait, d'où ce nom, Byblos, que les Grecs lui donnèrent. Son nom Jbeil, quant à lui, est une ancienne appellation qui date de l'Antiquité. Terme akkadien, il signifie la montagne. C'est un diminutif de Jabal / Djebel. Je suis resté chez les Maristes jusqu'au brevet d'études, soit 4 ans en tout. Les Maristes étaient très actifs au Liban et le sont toujours. Nous avions une bonne formation à la fois en français et en arabe, ce qui fut pour moi extraordinaire. Je garde un bon souvenir de ces Maristes et particulièrement du frère Amphiloque, un alsacien. D'une grande bonté, il était toujours bienveillant avec ma mère chaque fois qu'elle venait.

Après le collège, comme les Maristes n'avaient pas de classe au-delà du brevet d'études, je poursuivis ma scolarité au lycée des Grecs Melkites catholiques au cœur de Beyrouth. Là aussi, nous avions une formation solide en arabe et en français. L'illustre professeur Raïf Khoury[2] nous enseignait la littérature arabe. C'était un grand écrivain libanais. Il nous impressionnait tous par ses connaissances et durant une heure et demie, nous étions suspendus à ses lèvres. C'est grâce à lui que nous avons appris toute la littérature arabe, siècle par siècle. C'est ainsi que je découvris par exemple Al-Mutanabbî, le grand poète arabe du x$^{e}$ siècle. Je me souviens aussi du père Shukri qui enseignait la philosophie, et du père Elias Zahlawi, surveillant général très cultivé. Nous apprenions aussi la littérature française dans les *Lagarde et Michard*. J'ai d'ailleurs racheté tous ces livres à mon arrivée en France et il n'y a pas de jour qui passe sans que je les consulte. Les écoles chrétiennes avaient une bonne renommée et souvent d'excellents professeurs. Dans ces écoles, les élèves chrétiens pouvaient d'ailleurs être minoritaires, entourés par une majorité d'élèves libanais musulmans.

Pendant mes années « lycée », y aller chaque jour était en soi une petite expédition. Je devais faire un trajet pas possible en *service,* sorte de taxi collectif, suivi d'une bonne montée à pied pour arriver au lycée. Heureusement pour moi, à cette époque je n'étais plus le seul de ma famille au Liban. Ma sœur Shamira et ses enfants vivaient à Beyrouth. Nous logions tous ensemble à Sad-el-Bauchriyeh dans un petit immeuble, en banlieue de Beyrouth, dans le quartier assyrien, au milieu de personnes déplacées depuis la fin de la Première Guerre mondiale. La plupart des habitants de ce quartier étaient des Assyriens, rescapés du génocide de 1915, des réfugiés venus pour la plupart du Caucase et de Russie après avoir fui leurs montagnes natales du Hakkari ottoman. Accueillis au Liban, comme d'ailleurs beaucoup d'Arméniens, on les avait placés là en 1920. L'épicier du quartier était d'ailleurs arménien. Ce quartier populaire, au milieu de ces familles, fut pour moi une véritable école.

Ces flux d'exilés au Liban ne se sont pas arrêtés là. Il y eut quelques décennies plus tard ceux venus d'Irak à partir des années 2000, voire avant, puis ceux du Khabour syrien à partir de 2014. Et bien sûr à partir de 2011, des centaines de milliers de Syriens qui franchirent la frontière libanaise pour échapper à la guerre civile.

*On comprend mieux comment tes études secondaires au Liban, puis supérieures ont été fondatrices de ton avènement au monde des lettres et des idées.*

Après mon baccalauréat, j'ai entamé des études universitaires. J'ai préparé une licence de sociologie à l'Université libanaise (UL), un établissement public fondé en 1951. Parallèlement à mes études, j'ai enseigné trois ans le français et la littérature française chez les Druzes, les Maronites et les Grecs-Catholiques. À la Faculté, je découvris le monde par l'anthropologie, la sociologie et la philosophie. En philosophie, j'avais un professeur renommé, René Habachi, un philosophe personnaliste libanais d'origine égyptienne, auteur de nombreux ouvrages.

D'autres professeurs avaient étudié en France à la Sorbonne, dont Hassan Ibrahim, un maître. Il nous initia aux travaux du sociologue français d'origine russe, Georges Gurvitch (1894-1965) et de Raymond Aron, que je continue de lire. Je me souviens aussi du professeur César Nasr. Avec le recul, je me dis que c'était pour moi une chance incroyable. J'en garde un souvenir ému. À cette période, mes lectures étaient abondantes. Outre la littérature et les œuvres classiques, je découvris d'autres auteurs dont Henri-Irénée Marrou[3] et Ernest Renan qui m'ont marqué. En Occident, on connaît évidemment la conception de la nation de Renan qui est constamment citée, mais il fut en même temps un grand sémitisant, un syriacisant de renom. Au milieu du XIX^e^ siècle, il avait été envoyé au Liban par le ministère de l'Instruction publique pour une mission en Phénicie sur l'héritage libanais. Les livres d'Henri Lammens et Philippe Hitti ont également alimenté ma réflexion sur l'histoire ancienne de la région. Je lisais également Boileau (1636-1711) qui m'inspira beaucoup sur la méthode. Dans *L'art poétique*, il y a deux phrases de lui, que je répétai plus tard bien souvent à mon fils Pierre-Thomas : « Vingt fois sur le métier remettez votre ouvrage. Polissez-le sans cesse et le repolissez ». Et la seconde : « Ce qui se conçoit bien s'énonce clairement et les mots pour le dire arrivent aisément. » Sans oublier que pendant cette période, ma sœur, qui était en France, m'envoyait des livres de Jacques Maritain (*L'Humanisme intégral*...) et du personnaliste Emmanuel Mounier.

Je me suis aussi plongé dans les textes du patriarche chaldéen Raphaël Ier Bidawid. Sa thèse sur Timothée Ier, patriarche de l'Église d'Orient au VIIIe siècle, sous les Abbassides, est très importante. Timothée écrivit abondamment sur l'importance cardinale du siège apostolique de Babylone par rapport aux autres Églises, ce qui lui valut d'être traité de nationaliste, notamment par le cardinal Eugène Tisserand. Raphaël Ier Bidawid fut un grand promoteur du dialogue avec l'Église assyrienne, sous le patriarcat de Mar Dinkha IV. Ils ont signé un texte commun pour une union des Églises. Il disait lui-même que son grand-père était assyrien nestorien. Je l'ai bien connu alors qu'il était évêque au Liban et plus tard comme patriarche. Il réédita le Dictionnaire d'araméen-arabe de Yacoub Eugène Manna, qui est très utile, avec un supplément dirigé par Abrohom Nouro, qui reste toujours ma Bible ! Je ne peux m'en séparer. Raphaël Ier Bidawid était à la fois un patriarche de haut rang, un patriote et un homme clairvoyant pour sa communauté. Influent auprès des pouvoirs publics, il réglait les problèmes de sa communauté à haut niveau. Ma mère fit toujours son éloge.

Je me souviens aussi de Malfono[4] Abrohom Nouro, précédemment cité, originaire d'Édesse. Il avait fui

Ourfa (l'ancienne Édesse) avec sa famille en 1923. Il consacra toute sa vie à la langue syriaque. Il parlait le syriaque classique et enrichit cette langue par de très nombreux syllogismes dans tous les domaines, auxquels il consacra un ouvrage intitulé *Tawldotho*.

Un autre aspect de mes lectures portait sur le passé de la « Grande Syrie », dite le Croissant Fertile. Au Liban et dans la région, en plus du courant proprement libanais, il y avait deux grands courants de pensée politique et idéologique qui s'opposaient : le panarabisme et le pansyrianisme (en référence à la Syrie historique ou Grande Syrie). Pour ma part, j'étais sensible au projet pansyrien, tout en reconnaissant au Liban une place particulière. Ce courant était porté par le Parti populaire syrien (PPS) fondé par le libanais Antoun Saadé en 1932. La Syrie historique était définie comme une nation à fondements anciens et à dessein politique laïc. On saisissait mieux la genèse des nations. Le panarabisme était, lui, porté par le parti Baas, et par le nassérisme, lequel bénéficiait de larges échos dans la région. Il est regrettable que le nationalisme arabe ait fait de la strate historique et civilisationnelle arabo-musulmane la seule composante de notre identité.

D'autre part, pour moi, la lecture de la presse au Liban était primordiale. La place des Canons (Al-Bourj) était jonchée de multiples journaux qui n'attendaient que leurs lecteurs. J'en étais un des plus fervents pour plusieurs d'entre eux, le quotidien *An-Nahar*, *Le Monde* (sa version hebdomadaire) et *Le Figaro littéraire* (hebdomadaire) avec le fameux Bloc-Notes de François Mauriac. Je fréquentais aussi la fameuse Librairie Antoine à Beyrouth. Deux journalistes français étaient bien connus au Liban : Eric Rouleau et Jean Lacouture. À l'époque, *Le Monde* publiait un journal hebdomadaire, sorte de synthèse des articles de la semaine. J'y dévorais tout ce qui y était écrit. Plus tard, arrivant en France, je découvris que ce journal hebdomadaire n'était pas vendu en kiosque. J'écrivis alors au *Monde*. On me répondit que c'était une édition réservée pour l'étranger ! J'ai toujours lu la presse et les hebdomadaires. C'était pour moi une grande fenêtre ouverte sur le vaste monde. Le philosophe Hegel a dit : « Le journal est la prière de l'homme moderne ». La presse m'apprit à réfléchir et à partir du réel. Et c'est encore le cas aujourd'hui.

*On devine à travers tes mots que c'est en langue française, bien plus qu'en arabe, que tu regardes le monde.*

Le Liban m'a ouvert les yeux sur deux mondes entremêlés, le monde oriental dans lequel je suis né, et le monde occidental vers lequel j'ai migré. Je n'ai jamais cessé de regarder le monde ainsi. Progressivement, la langue française est devenue pour moi un véhicule intellectuel nécessaire. C'était d'autant plus facile au Liban qu'il y avait cette liberté d'expression et d'opinion. La dialectique de la langue française, sa rationalité, sa mesure, sa poésie, ses nuances, sa propension à l'universel sont vraiment exceptionnelles. Il suffit de lire des auteurs comme Voltaire. La culture française me passionnait. Les auteurs français m'attiraient par leur savoir, leur démarche scientifique, leur méthode rationnelle d'analyse de l'histoire. D'autre part, les bons livres édités en France étaient assez rapidement traduits en arabe. Aussi, les auteurs orientaux avaient le regard tourné vers le quartier latin ! Et comme Paris était le centre culturel du monde, plusieurs auteurs orientaux publiaient à Paris, tel Georges Samné qui publia *La Syrie* en 1921. D'ailleurs, en arrivant en France (novembre 1969), je me précipitai dans le quartier Saint-Michel, dit « Boul'Mich », à Saint-Germain-des-Prés. J'y avais mes habitudes, assis dans un café pour y lire la presse et laisser vagabonder mes pensées.

*Et l'araméen, ta langue maternelle et la langue de saint Éphrem, n'offrait-il pas la même capacité de dialogue avec le monde ?*

Avec le temps, j'ai redécouvert la richesse de l'araméen classique, différent de l'araméen moderne. Le soureth que j'ai appris à la maison était une langue quotidienne et pratique. Ce qui m'attire dans l'araméen aussi c'est sa capacité depuis 2000 ans d'intégrer, d'accueillir en son sein, des termes étrangers et en premier lieu du grec. C'est la preuve, s'il en faut, que la rationalité et la philosophie étaient chez les Grecs. À l'époque des Abbassides, à Bagdad, fut créé la Maison de la Sagesse – *Beit al-Hikma* – où travaillaient ensemble des Araméens, des Juifs, des Arabes. On y traduisait des textes du grec vers l'araméen, puis de l'araméen vers l'arabe. Quand Al-Mamoun, le calife abbasside, voulait une bonne traduction de Platon, d'Aristote ou de Galien, il s'adressait naturellement au Patriarche de l'Église d'Orient, Timothée Ier.

Au fond, que ce soit en arabe, en français ou en araméen, j'ai toujours été intéressé par la pensée et les idées. C'est ce qui me fit plonger très tôt dans les lectures et les savoirs.

*Apprendre et lire le plus possible, mais aussi publier, très tôt !*

D'une certaine manière, je me suis toujours senti quelque part journaliste. Lycéen, j'écrivis des articles dans un journal populaire libanais qui s'appelait *Al-Tayyar wal Telegraph*[5]. À ce moment-là, j'eus la joie de rencontrer plusieurs écrivains dont le célèbre Maroun Abboud (1886-1962). Mes premiers articles furent en arabe, puis rapidement en français. Je collaborai par la suite à la revue chaldéenne *Babel* sur la civilisation mésopotamienne de Mgr Bidawid, dirigé par le père Augustin Sadeq. Je m'essayai aussi à la poésie. J'ai publié un poème sur la déesse Ishtar. Je me dis même que si j'avais un jour une fille, je l'appellerai Ishtar… ou plus exactement Inana, la reine de l'amour et de la beauté de l'époque akkadienne. C'est cette déesse qui ensuite devint Ishtar, sous les Babyloniens. J'écrivis aussi dans la revue *Fikr* (la Pensée), dirigée par un enseignant et écrivain libanais Henri Hamati. Un jour, dans un taxi collectif, un Assyrien de Sad-el-Bauchrieh, qui avait lu mes articles, me dit : « La prochaine fois je te conseille de mettre Joseph Ashuri (Joseph l'Assyrien) pour que les gens sachent que tu es Assyrien. » J'en fus très touché. C'était très révélateur d'une certaine frustration identitaire largement répandue dans cette communauté après son départ forcé de son pays natal. À l'époque, il est vrai que je signai sous le nom de Joseph Bablo et plus tard aussi sous le pseudonyme de Ahmed Saleh.

Tout ceci me prépara à entrer dans ce monde sensible des peuples et des minorités. Les Arméniens en premier, les Yézidis aussi et bien sûr les Assyro-Chaldéens.

*Entre ton arrivée au Liban en 1955 et ton départ en France en 1969, le Liban fut le pays de ton plein épanouissement. C'était presque idyllique. Ce n'était pourtant qu'en apparence !*

Le Liban m'a beaucoup marqué sur un plan social et politique. J'y suis arrivé dans un contexte où il y avait déjà beaucoup de tensions. Le pays était traversé par des courants identitaires et politiques, parfois aux antipodes les uns des autres. Les communautés étaient divisées. Les chiites étaient les plus pauvres et certains vivaient dans les bidonvilles. C'est parmi eux que s'est structuré le chiisme politique qui s'est révélé pendant la guerre civile et ces dernières décennies. Les chrétiens étaient aussi divisés à leurs niveaux. D'un côté Pierre Gemayel, de l'autre Camille Chamoun. Les Libanais chrétiens sentaient dans le courant panarabe nassérien une menace pour la souveraineté du Liban. Il y avait également l'émergence de ce qu'on appelait les islamo-progressistes. Le courant nationaliste palestinien, né parmi les réfugiés de 1948, était enfin prégnant dans les bidonvilles. C'était une situation intenable. J'avais de la sympathie pour les Palestiniens, avec lesquels je me sentais solidaire, tout en étant très attaché au Liban. Les Druzes eux-aussi protégeaient leur communauté. Leur chef Kamal Joumblat avait une vision assez universaliste. Il allait parfois se recueillir en Inde. Tout ceci formait le Liban. C'est au Liban que je me suis initié au christianisme social.

Pour ma part, tout en m'engageant, je ne me sentais pas une âme politique, mais il est vrai qu'à l'époque j'étais proche du courant d'Antoun Saadé, auteur de *La genèse des Nations*. Et autour de moi, dans la communauté assyro-chaldéenne, les Assyriens ne se disaient pas Arabes.

Depuis mon arrivée en France en novembre 1969, j'ai moins de contacts avec les réalités libanaises. C'est par mes lectures et par des visites ponctuelles que je reprends pied avec cette réalité. Les problèmes y sont de plus en plus complexes. Malgré tout, comme le disait Jean-Paul II : « Le Liban est plus qu'un pays, c'est un message. » J'y crois profondément.

*Ce message est-il encore vivant ?*

Le Liban a beaucoup de ressources en lui. Il peut se ressaisir et rebondir. Qui se souvient que ce pays a connu la famine pendant la Première Guerre mondiale ? Les Jeunes-Turcs, et surtout Djemal Pacha, l'ont martyrisé. Djemal Pacha était membre du triumvirat Jeune-Turc et à ce titre co-responsable du génocide des Arméniens, des Assyro-Chaldéens-Syriaques et des Grecs-Pontiques de l'Empire ottoman. Il disposait aussi des pleins pouvoirs politiques et militaires en Syrie, en Palestine et au Liban. Sa politique répressive, associée à la grande famine provoquée entre 1915 et 1918 se solda par la mort de plus de 150 000 habitants du Mont-Liban, soit un tiers de la population. Les victimes furent en majorité chrétiennes maronites, mais pas seulement. Il faudrait aussi rappeler que les Mamelouks, qui à la fin du XIII^e^ siècle dévastèrent le Liban, persécutèrent et éliminèrent une partie de sa population chrétienne. Les Maronites ont une mémoire vive de tous ces épisodes historiques d'une extrême violence. Et pourtant, de siècles en siècles, ils se sont relevés.

Le grand moment pour eux fut, en 1919, la Conférence de la paix de Paris. Il fallut qu'un Patriarche maronite, Elias Hoyek, qui avait le souci de sa communauté et de l'ensemble du Liban, se déplace en France avec des représentants de toutes les communautés. Grâce à sa ténacité et avec l'aide de la France, on créa le Liban que l'on connaît aujourd'hui, car ce pays n'existait pas avant 1920 dans ses frontières actuelles et sa singularité propre.

Aujourd'hui, quand le Patriarche maronite Bechara Raï parle d'identité libanaise, il sait que l'émigration est un péril. C'est vrai qu'il y a un risque de disparition de la civilisation chrétienne libanaise, mais il faut que ce territoire protecteur demeure. Les Maronites ont une devise : « Qui n'a point de patrie, n'a point de religion. » L'avenir du Liban dépend en grande partie de la présence chrétienne et notamment des Maronites, de leurs universités, de leurs écoles, de leurs hôpitaux, de leur conscience nationale et de l'entente évidemment entre toutes les communautés sans distinctions confessionnelles et identitaires.

8

# Bonjour la France !

## Quand un vendeur de journaux rencontre un philosophe

*Enfant, à Hassaké en Syrie, ton père t'initia aux rudiments du français, lui qui le parlait si bien. C'est au Liban, à Beyrouth que tu l'appris vraiment, sur les bancs du collège, du lycée et de l'université. C'est ainsi que le français t'habita. C'est ainsi que la France devint ton nouvel horizon.*

Mon parcours semblait en effet tout tracé. La France et Lyon s'imposèrent tout naturellement. Ma mère m'a toujours incité à faire des études supérieures, même si cela impliquait de quitter la maison et de vivre loin de la famille. Ma sœur Fébronia, alors religieuse franciscaine à Chatonnay, en Isère, avait accompli les démarches nécessaires pour faciliter ma venue.

À Damas, un vol de la Syrian Airways me transporta vers Paris. Lorsque l'avion entama sa descente, j'admirai, impressionné, les paysages étalés sous mes yeux. Je voyais de la verdure de partout ! C'était si différent des espaces semi-steppiques de ma Syrie natale. Je suis arrivé en France le 29 novembre 1969. J'avais 25 ans. Je pris le train pour Lyon. C'était une première. À Lyon, il me fallut prendre un autre train pour Bourgoin-Jaillieu, où m'attendait ma sœur Fébronia ! À l'époque, pour moi, Bourgoin était un mot difficile à prononcer. Au guichet, je demandai donc un billet pour… Pingouin ! Après un instant d'hésitation, mon interlocuteur comprit, avec un léger sourire aux lèvres… Je n'étais pas au bout de mes peines. Il me fallait rejoindre le quai avec mes valises en cinq minutes. En Orient, la notion d'heure est déjà compliquée, alors cinq minutes, ça n'a pas de sens ! Je marchais donc avec nonchalance. Arrivé à quai, je ne vis pas le train. Un contrôleur me dit : « Il vient de partir. Le départ était prévu à 17 h 05, il est 17 h 07 ! » Je pris donc le train suivant. C'est ainsi que je fis concrètement connaissance avec la France. C'est avec de telles comparaisons que l'on peut voir les différences radicales entre les sociétés. Le Liban, c'est l'Orient. Bien sûr, il fallait être à l'heure à l'école. Mais à Beyrouth, quand tu prends un « taxi-service », il faut attendre qu'il soit complet pour partir. Tant qu'il n'y a pas cinq voyageurs, il ne part pas.

La première année à Lyon, j'habitais dans une chambre, cours d'Herbouville, seul entre quatre murs, alors qu'en Orient, une maison grouille de vie ! Heureusement qu'à l'Université, je fis la rencontre d'étudiants libanais et syriens. Je résidais juste à côté de la maison où vécut Édouard Herriot dont je connaissais une phrase qui lui est attribuée, qui ne me quitta jamais : « La mémoire c'est ce qui reste quand on a tout oublié. » Je m'inscrivis en maîtrise de sociologie à l'Université Lyon 2.

Étudiant je découvris petit à petit la société française et simultanément la cause des peuples. Nous étions en 1970, année où l'Unité Populaire prit le pouvoir au Chili et où Salvador Allende fut élu président. Il y avait des manifestations à Lyon et j'y participai. Je découvrais l'universel, non comme une idée abstraite, mais comme une réalité. Les Africains m'étaient quasi inconnus au Liban. Ici, je côtoyais des Maliens, des Ivoiriens, des Burkinabés... Au Liban, je rencontrais des Irakiens, des Syriens, des Saoudiens, mais ça n'allait pas plus loin. C'est ici que j'ai mieux appris les réalités du Moyen-Orient. Il faut dire qu'il y avait une certaine effervescence dans ces années 1970-1972. J'embrassais l'universel. Je soutenais la cause palestinienne. Je m'abreuvais de lectures. J'étais même sollicité pour des débats. Le journal *Le Monde* était la référence des étudiants et des enseignants. Je l'ai lu pendant 45 ans. *Libération* est né quelques années après. J'étais présent à la Bourse du Travail, à Lyon, quand Jean-Paul Sartre vint avec son équipe pour lancer le journal.

Dès le matin, après le café, la presse était pour moi une nourriture culturelle quotidienne.

Pour ma maîtrise, j'ai réalisé mon Mémoire sur un penseur syrien : Sati al-Housri (1880-1968), un théoricien du nationalisme arabe. J'avais aussi passé un certificat d'islamologie, notamment avec le professeur Ali Mérad. Je poursuivis ensuite avec ma première thèse de doctorat[1], sur le Parti populaire syrien (PPS), avec comme directeur de thèse Nikita Elisséeff (1915-1997), orientaliste d'origine russe. En 1974, une fois ma thèse en poche, j'ai pu entamer les démarches pour enseigner.

*C'est là que s'alignèrent les planètes ! Un joli coup du destin. Et qui sait, un coup de main de la Providence.*

Cette année-là, un concours de circonstances incroyable me fit rencontrer le philosophe Jean Lacroix. À cette époque, pour gagner un peu ma vie, je vendais *Le Progrès* du soir dans les rues de Lyon, avec plusieurs amis étudiants syriens et libanais. Le dimanche soir, il y avait les résultats des sports et du tiercé. J'étais à l'intersection du cours Lafayette et de l'avenue de Saxe. Il y avait un café qui s'appelait *La Patrie*, à l'angle, où je lançai à la criée : « Le Progrès, résultats sport, spécial tiercé ! » Un jour, un de mes acheteurs m'intrigua. Je le regardai en me disant : « Mais je connais ce visage ! » C'était le philosophe Jean Lacroix ! J'avais assisté à une de ses conférences à Beyrouth. Je connaissais ses livres sur le personnalisme d'Emmanuel Mounier, comme ses chroniques philosophiques dans *Le Monde* qu'il publia longtemps. Un jour, je finis par le saluer en lui demandant avec respect : « Monsieur Jean Lacroix ? » Son visage s'illumina. Un philosophe reconnu par un pauvre vendeur de journaux dans les rues ! Il eut une réaction spontanée : « Vous me connaissez ? » C'est ainsi que nous avons fait connaissance et que nous nous sommes liés d'amitié. Pour mon bonheur Jean Lacroix habitait cours Lafayette. Étourdi que j'étais, alors que nous allions prendre notre premier café ensemble, j'oubliais mon tas de journaux sur le trottoir. Bien sûr, non seulement les journaux disparurent, mais je dus aussi les payer de ma poche ! Au café, fumant sa cigarette, il me questionna : « Mais que faites-vous ? » Je me souviens encore de ses yeux bleus et de son beau visage. Il me fit l'honneur de venir à ma soutenance de thèse. Ce jour-là mon directeur de thèse, Nikita Elisséeff me dit même : « Vous avez vu, il y avait Jean Lacroix dans la salle ? Vous le connaissez ? » Je lui répondis, heureux et fier : « Bien sûr, je le connais ! » Par la suite, il m'arriva d'être invité chez lui[2]. Au cours d'une de nos conversations, il me demanda ce que j'envisageai après ma thèse. Je lui dis, l'enseignement ! Il me demanda alors : « Avez-vous écrit à l'Université catholique ? » Je lui répondis oui. C'est ainsi qu'il envoya un courrier de recommandation à Gilbert

Blardone, directeur de l'Institut des sciences sociales appliquées (ISSA). G. Blardone était lui-même une personnalité importante et une grande signature de la revue *Croissance des Jeunes Nations*. Il me reçut, en 1975. C'est ainsi que je fus engagé et que je devins prof à la Catho. Grâce à Jean Lacroix !

Le plus stupéfiant c'est qu'à l'époque j'étais membre du parti communiste français tout en devenant enseignant dans une université catholique ! En même temps, je découvrais un monde, le christianisme social. Je lisais aussi *Témoignage Chrétien* de Georges Montaron. J'ai vécu mes premières années à la Catho comme une formation permanente. À l'époque, la théologie de la libération connaissait son plein essor en Amérique latine. Je rencontrais des étudiants qui venaient d'Uruguay, du Paraguay, du Pérou, de Colombie, des gens qui étaient des militants révolutionnaires, des chrétiens de gauche, et j'en passe. C'était ça la Catho d'alors.

L'Université catholique était pour moi, enseignant et pédagogue, un formidable lieu d'éducation. Nous discutions de Karl Marx et d'Antonio Gramsci, de sa vie tragique et de sa pensée. Gramsci avait été secrétaire général du parti communiste italien et Mussolini le fit incarcérer. Il a beaucoup travaillé sur les liens entre le culturel et l'économique, soutenant qu'il n'y a pas de rapport automatique et mécanique entre les deux. C'était sa critique indirecte de Karl Marx, parce que dans le marxisme, l'infrastructure (classe sociale, force de travail) détermine la superstructure (culture, pensée, idéaux). Pour Gramsci, la superstructure peut être autonome par rapport à l'infrastructure, d'où l'importance du mental collectif. Dans le libéralisme aussi, le niveau de vie détermine la pensée. Les libéraux, comme les marxistes, ne voient que l'*homo œconomicus*. L'Europe est marxiste sans le savoir, même si elle critique Marx, elle l'est dans sa pensée et sa pratique quotidienne, par la prévalence accordée au matériel et au quotidien des gens. C'est cet optimisme naïf de l'Europe qui croit que les peuples changeront en leur apportant la technologie ! Non, les peuples ne sont pas des marionnettes. Que fait-on de leur anthropologie ? Gramsci était un pionnier en la matière. Le livre que Maria Antonietta Macciocchi lui consacra en 1974 eut un grand retentissement. Aujourd'hui, beaucoup se gargarisent de Gramsci.

*Je relève une contradiction dans ton cheminement intellectuel. À l'époque, tu étais proche de la théologie de la libération des peuples. Comment pouvais-tu être communiste et accepter l'écrasement de l'insurrection de Budapest en 1956, ainsi que l'écrasement du printemps de Prague en 1968 ?*

C'est vrai qu'à l'époque, je vivais des choses paradoxales. J'étais à la foi proche de la théologie de la libération et du mouvement communiste, alors que des peuples étaient écrasés par les chars soviétiques. Comme d'autres, j'étais très déterminé par la décolonisation des peuples. Dans certains milieux, surtout chez les Orientaux qui venaient ici, c'était la lutte contre le colonialisme occidental qui prédominait. L'URSS incarnait la lutte contre ce colonialisme... La Chine aussi était considérée comme l'ami des peuples dans le monde, voire plus que l'Union Soviétique. À la fac, des étudiants avaient en poche le livre rouge de Mao Zedong. C'était une époque d'effervescence dans tous les sens. On ne voulait pas toujours voir les choses de trop près. Mon regard a changé en allant à Moscou, en 1976. Je voulais prendre des cours de russe aux Amitiés franco-soviétiques. Il faut dire que mes parents parlaient le russe, puisqu'ils avaient vécu à Tiflis, dans le Caucase. Mais c'est à Moscou que le doute m'a assailli.

# 9

# Triste Moscou

*Comme nombre d'intellectuels des années 1970, tu étais sensible au communisme. Dans le contexte de l'époque, le combat pour la libération des peuples avait une certaine résonnance en toi. Comme nombre d'intellectuels, tu as ouvert les yeux sur les réalités politiques du communisme. Peut-on revenir sur cette page de ta vie ?*

Je devins membre du parti communiste français en 1974. J'ai donné quelques cours à l'école de formation du parti à Givors (dans la région lyonnaise). J'avais aussi un rêve, aller à Moscou, voir le « communisme » de plus près. Une fois là-bas, le rêve se brisa et tout est tombé.

*Commençons par ce qui t'a séduit dans la philosophie marxiste !*

D'abord, je ferais une distinction entre Marx, comme penseur et philosophe, et sa traduction politique et idéologique qu'est le communisme. Karl Marx, pour moi, reste un philosophe et, comme tel, une référence. J'ai beaucoup appris avec lui sur la méthode historique : insérer l'événement dans l'Histoire, même si Karl Marx l'a pris de Hegel et des penseurs grecs comme Héraclite. Marx disait que l'Humanité ne se pose que des questions qu'elle peut résoudre. Et puis il y a des textes de Karl Marx, qui méritent qu'on les relise. Il dit notamment que « la religion c'est le soupir d'une créature accablée, l'âme d'un monde sans âme, le cœur d'un monde sans cœur ». Je trouve ça très beau. Et puis seulement, il conclut « c'est l'opium du peuple ». N'est-ce pas un calmant !

« Le soupir d'une créature accablée » ? C'est la figure du pauvre, de celui qui est dans la misère. Ce sont les Béatitudes : « Heureux les pauvres en esprit, car le Royaume des Cieux est à eux ! Heureux ceux qui pleurent, car ils seront consolés [...] Heureux ceux qui ont faim et soif de la justice, car ils seront rassasiés [...]. » Où Karl Marx a-t-il pu trouver cela sinon chez le Christ ?

Marx n'a cependant pas suffisamment pris en compte la psychologie chez l'être humain. Il pensait en termes quasi mécaniques : changez la société, vous changerez l'Homme ! C'est trop naïf. Entre-temps, Sigmund Freud et Carl Jung ont ouvert la voie à la psyché humaine. Sur un plan politique l'Union

Soviétique a voulu changer l'Homme. Qu'a-t-elle créé à la place ? La dictature du prolétariat ? Plutôt la dictature tout court !

*Que s'est-il passé à Moscou en 1976 pour que commence à basculer ton schéma politique et en même temps philosophique ? À quel moment dans ton parcours as-tu renoncé définitivement au communisme ?*

À mon arrivée à Moscou, j'ai vu des gens tristes, qui couraient après leur vie de tous les jours. Je n'ai pas vu de gens heureux. Ils n'avaient pas de quoi manger suffisamment et pourtant ils avaient envoyé Gagarine dans l'espace. J'ai ressenti comme une chape de plomb qui étouffait le peuple. D'abord, il n'y avait pas de presse libre. Acheter mon journal *Le Monde* ? Impossible. Et puis, je voyais bien qu'on répétait tout le temps la même chose, l'éloge du prince. On ne savait rien de ce qui se passait dans le pays. Tout était étouffé. L'absence de libertés était pesante.

Quelques mois après Moscou, j'ai éprouvé ces mêmes contraintes à Bucarest en Roumanie. C'était l'époque de Ceausescu. J'étais avec deux amis. Un soir, alors que tout était éteint, et que nous marchions dans la rue, nous vîmes un groupe qui nous suivait. Subitement, une femme de ce groupe nous aborda. Elle nous donna une enveloppe et disparut aussitôt. Je dis à mes amis : « Sûrement des opposants qui veulent faire entendre leur voix. » Dans cette lettre il y avait des documents pour informer un groupe à Paris sur les réalités roumaines. Nous apprîmes ultérieurement que ce groupe parisien était communiste !

Dans le monde arabe, celui d'où je venais, l'Irak était un bastion du communisme. De nombreux chrétiens irakiens y adhéraient. Les chiites aussi. En ce temps-là, on ne pensait pas en termes de communautés confessionnelles. Au Liban, le fondateur du parti communiste était un Arménien. En Syrie, c'était un Kurde, Khaled Bagdash. Ailleurs ils étaient aussi juifs et assyro-chaldéens. En fait, dans les pays arabes, le communisme attirait les minorités. Leur statut de dhimmi, de citoyen n'ayant pas les mêmes droits, les poussait-il inconsciemment vers cette idéologie ?

C'est en observant au plus près les réalités du communisme que l'on pouvait ouvrir les yeux. Le grand écrivain français André Gide, lui aussi, se rendit à Moscou. Il revint désenchanté. Il en fit un livre. À mon retour, je me suis dit : « Si c'est ça le communisme, je n'en suis pas. » J'ai donc quitté le parti. Et j'ai publié une série d'articles sur la crise du mouvement communiste mondial, dans la *Chronique sociale* de Lyon et dans d'autres publications. Le communisme, il faut l'avoir vécu, comme André Gide, Yves Montand, Simone Signoret et d'autres pour ouvrir les yeux. C'est exactement ce qui m'est arrivé.

*Ce fut en quelque sorte ton renouveau !*

Ce fut le début de mon évolution. On ne révise pas ses propres convictions sans en ressentir un certain malaise. Je perdais l'espoir. Je me suis alors posé un certain nombre de questions : « Mais qu'est-ce qu'il te reste ? Tu cours après les peuples, mais connais-tu le tien ? Tu vas chercher le pauvre ailleurs, mais tu es toi-même d'une famille pauvre. » J'ai pensé ainsi aux miens et je me suis dit : « Tu appartiens à une communauté qui a toujours été opprimée et tu l'as oublié pour aller t'occuper des autres, alors que peu de monde s'occupe des tiens. Qui les connaît vraiment ? Qui connaît leur histoire ? Les tragédies qu'ils vécurent ? » Je me suis interrogé sur ma propre condition. C'est ainsi que mon identité est revenue avec force et conviction. C'est ainsi aussi que débuta mon intérêt pour la question assyro-chaldéenne.

Je me suis réconcilié avec la foi qui, à vrai dire, ne m'avait jamais abandonnée. Je l'ai redécouverte au cœur de ma propre pauvreté. Pourquoi étais-je allé la chercher si loin ?

J'ai commencé par renouer les liens avec mes amis assyriens à Chicago. Ce fut une grande joie. C'est ainsi que peu à peu je me suis retrouvé. Grâce à tous ces contacts que je nouais dans les mouvements chrétiens lyonnais, les prêtres ouvriers et à travers les lectures que je faisais, des expériences se sont accumulées. Elles entraînèrent peu à peu ma sortie d'une certaine pensée rigide, marxiste, sans que je m'en rende vraiment compte. Je relisais l'Ancien Testament, tiraillé entre deux lectures, une lecture universaliste, humaniste et une lecture trop historique, événementielle, sur laquelle j'avais des réserves. C'était une période incroyable.

En tant qu'enseignant-chercheur, je m'étais inscrit en thèse de doctorat d'État. Je projetais de la réaliser sur la crise du mouvement communiste mondial. J'y ai finalement renoncé. Je pensai sans cesse à ma famille, à mon père, à Hassaké. Je me dis aussi : « Les Chiliens, les Palestiniens, c'est bien, mais connais-tu vraiment les tiens ? Qui donc pourrait explorer cette substance si ce n'est toi ? » Ce projet mûrissait en moi. Je pris alors mon courage à deux mains et je me rendis chez mon directeur de thèse, Nikita Elisséeff. « Monsieur, je reviens de Moscou, je voudrais changer de sujet de thèse. » En serait-il vexé, lui qui était d'origine russe ? J'ajoutai : « Je voudrais faire ma thèse sur la question assyro-chaldéenne. » À mon grand étonnement, il n'a pas hésité une seconde. Il me dit : « C'est très bien, il n'y a pas de travaux sur la question. » Cela l'intéressa d'autant plus qu'il connaissait bien la Syrie et qu'il avait fait sa thèse sur Nour ad-Din, prince musulman d'Alep, au temps des Croisades.

Ce fut le point de départ d'une grande aventure et d'une exploration qui ne cessa de s'amplifier.

## 10

# Vous avez dit « assyro-chaldéen » ?

*Les excavations archéologiques et le décryptage du cunéiforme au* XIX*e siècle nous ont permis de redécouvrir les anciennes civilisations mésopotamiennes du Tigre et de l'Euphrate. On le doit notamment à certains savants comme Jules Oppert, Joachim Ménant, ainsi qu'à Georges Smith, qui traduisit à Londres les tablettes cunéiformes de l'épopée de Gilgamesh. On y découvrit un déluge avant le Déluge. Auparavant, tout se mesurait à l'aune de la Bible. Une révolution ! En fouillant, en déchiffrant, on exhuma aussi des civilisations, des identités, des confessions toujours vivantes ! C'est ainsi que fut également exhumée la question assyro-chaldéenne, dans toutes ses dimensions, culturelle, confessionnelle, identitaire et politique ! Ta thèse en 1984 en témoigne. Ce fut pour toi un vrai bouleversement intérieur et un changement radical de tes perspectives de vie. Depuis lors, tu* *n'as jamais cessé de publier sur la question assyro-chaldéenne, et bien sûr avec Claire, ton épouse.*

Lorsque je me suis inscrit en thèse d'État – *La question assyro-chaldéenne, les puissances européennes et la Société des Nations (1908-1938)* – je pensais m'engager pour 5 ou 6 ans de recherche. Je ne savais pas encore que j'y consacrerais toute ma vie.

Au cours de ces années excitantes pour le jeune chercheur que j'étais, j'ai multiplié les contacts, les échanges et les rencontres avec des personnalités remarquables. Ne pouvant les citer une à une, je tiens ici à les remercier toutes. Il faut dire qu'au départ, je n'avais pas grand-chose dans les mains, à part les quelques articles que le général Pierre Rondot avait écrits. Lorsqu'en 1933 les Assyriens subirent les massacres de Simélé en Irak, il était capitaine à Hassaké en Syrie sous mandat français. Au cours de leur exode, après avoir traversé la rivière Khabour (au village de Fechkhabour, aux frontières de la Syrie, de l'Irak et la Turquie), les survivants assyriens furent regroupés à Hassaké, la ville où je naquis 11 ans plus tard. C'est justement le capitaine Rondot qui fut chargé de les recevoir. Deux de ses articles furent le point de départ de mes recherches. D'ailleurs, je le lui ai rappelé le jour de ma soutenance, à laquelle il assista. Par bonheur, je découvris également d'autres auteurs, comme le diplomate russe Basile Nikitine (1885-1960) qui parlait des

Assyro-Chaldéens comme peuple et comme acteur sur la scène de l'Histoire.

J'ai donc commencé par collecter les sources documentaires. J'ai voyagé en France et à l'étranger. J'ai écumé les bibliothèques françaises et étrangères à Nanterre, à Lyon, à Londres, à Chicago, à Genève. J'ai compulsé également les archives du ministère des Affaires étrangères, ainsi que celle du Service Historique de l'Armée de Terre (SHAT) au château de Vincennes. Il faut dire qu'à l'époque on était encore loin de l'accès numérique aux archives et ouvrages anciens ! Je me suis retrouvé avec une masse impressionnante de documents que j'ai recensés et commentés dans deux des quatre volumes de ma thèse. Ce fut pour moi la découverte d'un champ immense qui ne demandait qu'à être exploité.

*À la fin des années 1970, quel était l'état du champ académique sur la question assyro-chaldéenne ?*

À la fin des années 1970, la question assyro-chaldéenne était quasiment vierge. Je m'explique. Il n'y avait rien sur l'histoire contemporaine de cette communauté, rien sur les plans politique et diplomatique dans le domaine public. En revanche, il y avait une multitude de recherches académiques universitaires sur les différents aspects de la culture, de la langue et de la littérature syriaque, assyrienne ou chaldéenne. Ces études étaient toutefois confinées à des personnalités de grandes institutions françaises comme celles du Collège de France. Étienne Quatremère, Ernest Renan, Rubens Duval, Jean Baptiste Chabot, François Nau ou encore Jean Dauvillier. Ils ont beaucoup écrit sur cette question. Ce sont de grands maîtres.

Plus près de nous, je me souviens de discussions avec des Dominicains qui travaillaient sur cet héritage, comme Jean Maurice Fiey (1914-1995) ou Irénée-Henri Dalmais (1914-2006), grand spécialiste des liturgies orientales. Ce dernier me dit un jour en souriant : « Alors vous êtes assyro-chaldéen ? » Je lui répondis en procédant par éliminations successives : « Que dites-vous à un chrétien d'Orient de langue syriaque ? Lui dîtes-vous : "vous êtes arabe" ? » Bien entendu « non », me dit-il. « Lui diriez-vous "vous êtes turc" ? » Il s'exclama « encore moins ! » Et ainsi de suite : « Alors vous êtes irakien ? – Pas exactement – Iranien – Pas franchement – Alors que reste-t-il... ? » Telles étaient les questions qui se posaient à moi à travers mon sujet de thèse. Comment qualifier une civilisation millénaire dans son empreinte contemporaine, sans la disqualifier par le prisme réducteur d'une terminologie religieuse ou étatique ? Face à la nécessité d'une juste appellation, l'emploi du terme « assyro-chaldéen » se révéla être le mieux adapté. Bien des années plus tard, le père Dalmais lut ma thèse et considéra son écho, si bien que lorsque nous nous retrouvâmes, il me dit

« Bravo, continuez ! » L'histoire contemporaine des Assyro-Chaldéens restait le point faible.

*L'expression « assyro-chaldéen » existait avant ta thèse. Tu as décidé de la systématiser dans ton travail de chercheur. Mais d'où vient cette expression ? Quelles sont ses sources ? Quelle est sa genèse ?*

Effectivement, je n'ai pas inventé l'expression « assyro-chaldéen ». Au fur et à mesure de mes recherches, j'ai découvert des travaux et des sources convergentes pour qualifier avec pertinence ce peuple, comme un peuple à part entière.

Mes contacts avec les Arméniens m'ont beaucoup aidé en cela. À Décines, dans le Rhône, le centre de documentation arménien (CEDIA) m'a donné accès à des sources importantes. J'ai découvert que le traité de Sèvres de 1920 mentionne les Assyro-Chaldéens dans son article 64. Il leur reconnaît une autonomie à l'intérieur d'un Kurdistan autonome. Or, les spécialistes des études syriaques étaient à mille lieues de cela ! Présenter cette communauté comme peuple, acteur sur la scène de l'histoire... Non seulement ils l'ignoraient souvent, mais ils le rejetaient aussi d'une certaine manière. Cela brouillait les schémas projetés sur les communautés chrétiennes d'Orient. Et quand on m'opposait doctement « c'est de la politique », je répondais : « Mais c'est la réalité ! »

Le terme est ancien. Peut-être pas sous la contraction « assyro-chaldéen », mais il se réfère à des racines assyrienne, babylonienne, chaldéenne, araméenne très anciennes. Michel le syriaque, au XIIe siècle, patriarche syriaque et auteur d'une *Histoire universelle*, utilise ces termes. Il évoque une filiation avec les Assyriens, malgré la venue du christianisme qui a éclipsé les appartenances ethniques au profit de l'appartenance religieuse et d'un universalisme abstrait. Au IIe siècle, Tatianos originaire d'Erbil, disait : « Je suis Assyrien. » Pourtant, la grande cité assyrienne de l'Antiquité, Ninive, était déjà tombée six siècles auparavant, mais la mémoire, le souvenir et la filiation sont restés. Bar Hebraeus au XIIIe siècle emploie aussi ce terme. Rome l'utilise également.

Plus près de nous, ce sont les archéologues qui ont fait un travail énorme à partir du XIXe siècle. Les excavations archéologiques en Mésopotamie ont ressuscité une civilisation longtemps enfouie, sur laquelle jusqu'alors seule la Bible hébraïque faisait référence. Ce fut le point de départ d'une véritable révolution des connaissances. Ne l'oublions surtout pas. Les fouilles ont commencé à partir de 1840 au nord de l'Irak, à Mossoul, puis au sud, en Babylonie et en Chaldée. Leurs explorations ont mis en évidence des liens très étroits entre deux civilisations : la civilisation assyrienne au Nord et la civilisation babylonienne-chaldéenne au Sud. Ils ont aussi révélé grâce à leurs travaux sur la mythologie, la langue et les traditions, une très grande proximité, une continuité et même une unité entre ces deux souches civilisationnelles, alors que la Babylonie et l'Assyrie étaient souvent en guerre. Après tout, longtemps Athènes et Spartes se firent la guerre et pourtant ces deux cités-états grecques formaient bel et bien une même aire civilisationnelle. En Mésopotamie aussi. Il y a une continuité civilisationnelle depuis Sumer et Akkad. En exhumant la cité de Ninive (sur la rive orientale de Mossoul), on a découvert sa civilisation. C'était énorme et ça l'est toujours ! De nombreuses tablettes d'argile ont été analysées et déchiffrées. C'était un très grand moment dans l'histoire de l'humanité. Il y eut quantité de publications en français, en anglais, en allemand, en italien, en espagnol, en russe, en arabe et bien sûr en araméen… Toutes parlaient des civilisations assyrienne et babylonienne. C'est ainsi que l'on commença à employer les expressions « assyro-babyloniens » et « assyro-chaldéens » dans un sens similaire.

Ici en Occident, cela provoqua une onde de choc incroyable. Il ne fut plus possible de lire la Bible de la même manière. Cela développa l'esprit critique. Il faut voir notamment tout ce que les Éditions du Cerf ont publié (Sources chrétiennes, les Cahiers de l'Évangile, des séries sur les lois de Babylone, les lois assyriennes…).

Ces excavations eurent également un grand écho sur les prélats des Églises orientales et ses intellectuels. Un exemple : le grand savant et archevêque chaldéen Addaï Scher (1867-1915) se lança dans une *Histoire de la Chaldée et de l'Assyrie* (deux volumes), dans laquelle il explore les sources depuis l'Antiquité, les découvertes archéologiques, le déchiffrement du cunéiforme… Il cite les grands archéologues, entre autres français, et poursuit sa réflexion sur l'Église qu'il situe dans cette même lignée. Pour lui, l'expression « assyro-chaldéen » réunit le passé préchrétien et l'histoire chrétienne, qui inclut aussi l'Église syriaque.

Tout cela redonna un élan à ces communautés confinées dans leurs cultes et leurs montagnes. Une réelle Renaissance (*Irouta*) s'opéra particulièrement dans la région de Salamas et d'Ourmiah en Iran avant la Première Guerre mondiale. Le peuple redécouvrait son identité, son histoire ancienne, sa langue. Les publications se multiplièrent. On retravaillait la langue, le syriaque classique et moderne (le soureth). Des grammaires et des dictionnaires parurent en nombre.

L'opinion publique, quant à elle, était en émoi en voyant arriver des vestiges comme les fameux taureaux ailés (Lamassu), rapportés de Mésopotamie à Paris (au Musée du Louvre), à Londres (au British Museum), à Berlin, à Chicago… Incontestablement, c'est grâce aux archéologues que ces termes nationaux et identitaires furent détachés de leur interprétation strictement religieuse et que commença à émerger l'idée d'un peuple « assyro-babylonien », « assyro-chaldéen » à part entière.

*Il y eut ensuite une transposition de cette qualification archéologique et civilisationnelle vers un usage politique.*

Ces découvertes archéologiques retentissantes précédèrent de plusieurs dizaines d'années les traités de Sèvres en 1920 et de Lausanne en 1923, et alimentèrent la terminologie employée par les négociateurs. La conférence qui aboutit au traité de Lausanne dura presque un an et demi et ses rapports et archives regorgent d'éléments sur les Assyriens ou sur les Assyro-Chaldéens. Il suffit de consulter les archives de la Société des Nations pour s'en convaincre. Déjà, lors de la Conférence de la paix de Paris en 1919, des délégations assyriennes et assyro-chaldéennes vinrent réclamer un territoire après le cauchemar génocidaire. Au cours des pourparlers, un nombre incroyable de déclarations d'hommes politiques, d'intellectuels français ou anglais employaient la mention « assyro-chaldéen » ou « assyrien ». Quand je découvris tout cela, j'en fus bouleversé. Dire que je n'en avais jamais entendu parler ! Ni par les institutions religieuses, ni par les partis politiques. Il régnait une forme d'amnésie collective sur ces questions historiques et politiques, nationales et identitaires. Le dossier semblait en quelque sorte clos. Les patriarches eux-mêmes, s'adaptant aux conditions locales, entretinrent ce silence. Un exemple parmi d'autres : sous l'Irak royaliste, le Patriarche chaldéen Emmanuel II Thomas, qui exerça cette charge pendant près de 50 ans (il décéda en 1947), était sénateur. Quand on lit ses textes, on mesure à quel point son silence public fut total. Et pourtant lui aussi espérait un État assyro-chaldéen tout comme d'autres patriarches orientaux !

Prenons un exemple. Dès décembre 1918, le vicaire général du patriarcat chaldéen à Istanbul, Mgr Thomas Bajari, fut à l'origine d'un premier document politique relatif aux Assyro-Chaldéens. Il fut aussi l'instigateur de la délégation assyro-chaldéenne de Constantinople menée par Rustem Nedjib et Saïd A. Namik, à Paris en 1919. Des journalistes français comme Louis Bresse ou Maurice Prax rencontrèrent cette délégation, j'ai ici une pensée pour l'éminent assyriologue Jules Oppert, qui, s'il avait vécu cet événement, n'en aurait pas cru ses yeux. Leur mémorandum s'intitulait *La question assyro-chaldéenne devant la conférence de la Paix*. On ne peut dire mieux. Mon épouse Claire a développé toutes ces pages quasi inédites dans son livre *Le rêve brisé des Assyro-Chaldéens* (Éditions du Cerf). De même, un périodique fut publié au

Liban, à Beyrouth, par le vicariat patriarcal chaldéen, entre février 1920 et avril 1921, sous le nom de *L'Action assyro-chaldéenne*. Mais silence ! Et ce silence fut encore plus assourdissant et dramatique après 1933.

# 11

# Une nation, une langue, des églises

*Ce qui fait nation dans ce monde « assyro-chaldéen », c'est la persistance d'une langue commune avec ses variations dialectales et une forte empreinte chrétienne qui s'exprime à travers des Églises différentes. Pourtant le nom de cette nation fait encore et toujours débat. Pour quelles raisons ?*

Globalement les Assyriens, les Chaldéens et les Syriaques sont une même nation, parlant la même langue dans ses variétés graphiques et dialectales, mais ayant des Églises différentes. Je l'ai moi-même vécu à Hassaké. Il suffisait pour cela de remonter notre rue vers l'églisc chaldéenne. Un peu plus loin, il y avait une église syriaque-orthodoxe, près de laquelle se trouvait une autre église, celle des Syriaques-catholiques. Dans la rue où nous habitions, je me souviens de Ferdosa, une Syriaque, qui avait un four à pain. Elle était connue au point que son nom devint synonyme de notre rue. Nous recevions le courrier Rue Ferdosa. Pour la langue parlée, il suffisait d'écouter. Nos voisins d'en face étaient syriaques. Venus de la ville d'Ourfa et du massif montagneux de Tur Abdin, ils parlaient le syriaque occidental (souryoyo). Plus loin vivaient des Assyriens venus de Géorgie et d'Arménie qui, eux, parlaient le syriaque moderne oriental (soureth). La Haute Djézireh s'offrait en réceptacle de ce vaste monde de langue syriaque : de Diyarbakir, d'Ourfa, de Nisibe, du Hakkari, d'Ourmiah, de Russie... Le bataillon assyro-chaldéen créé par la France fut un creuset de toutes ces communautés. On y rencontrait des Assyriens, des Chaldéens et des Syriaques. Le général Henri Gouraud, haut-commissaire de la France au Levant (Liban et Syrie) entre 1919 et 1922, parlait lui-même des Assyro-chaldéens et même de l'Assyro-Chaldée.

*Quelles sont les sources et les caractéristiques de la langue syriaque ?*

Le syriaque est un des rameaux de l'araméen – lequel est attesté depuis 3 000 ans – qui connut une diffusion considérable, et au sein duquel se retrouvent l'akkadien, l'hébreu, l'ougaritique, le cananéen, l'arabe, l'himyarite... Pour être plus précis, le syriaque c'est l'araméen chrétien qui s'est développé à partir d'Édesse (Ourfa) avec sa propre graphie classique, dite *estrangelo* (cela signifie « ligne de l'Évangile »).

Au fil du temps, cette branche s'est trouvée répartie en deux grands sous-rameaux linguistiques, tout en maintenant une même graphie classique, avec quelques légères variations, orientale et occidentale, qui comptent, à leur tour, de nombreux dialectes.

L'araméen syriaque classique demeure valable pour toutes les communautés, comme langue de culture. Il existe donc trois graphies syriaques – classique, orientale et occidentale – mais ce sont fondamentalement les mêmes lettres. Il va sans dire aussi que ces dialectes syriaques ont subi l'influence des langues environnantes.

La géographie et les frontières des empires et des États expliquent en partie ces clivages. On ne dira jamais assez les retombées des séparations causées par les empires, dont les frontières changeaient constamment. Une ville était un jour du côté persan, un autre du côté romain, un jour du côté turc, un autre du côté syrien… Du coup, leurs langues s'acculturaient. C'est ainsi que l'on trouve des mots persans dans le soureth parlé autour du lac d'Ourmiah, des mots turcs dans celui parlé dans le massif de Tur Abdin, en raison de l'influence de l'Empire ottoman, et des mots grecs, en raison de l'influence de Byzance. Ces mots sont entrés dans la langue parlée tout comme des mots arabes, depuis le VII^e^ siècle.

Souvent, on dit que Jésus parlait l'araméen. C'est vrai, mais réducteur. L'hébreu parlé a connu aussi une diversité de dialectes selon les régions (en Galilée, en Samarie en Judée, à Jérusalem...). Les spécialistes à travers les siècles s'accordent à dire que le Christ parlait l'hébreu de Judée (appelé judéen), couplé fortement à de l'araméen palestinien, et qu'il lisait vraisemblablement l'hébreu biblique et liturgique. Une preuve de cette influence de l'araméen se trouve dans les Évangiles. Quand le Christ exprime des paroles fortes, il les dit souvent en araméen. Ce sont les fameux « aramaïsmes ». À la jeune fille qu'il ressuscite, le Christ dit « Talita Koum » – Jeune fille, lève-toi. Or c'est de l'araméen pur. La Samaritaine qui rencontre Jésus l'interpelle d'un affectueux *Rabouni* (qui est le diminutif de Rabi et qui veut dire maître). C'est encore de l'araméen. On dit aussi que Matthieu a écrit son Évangile en araméen.

À la vue de cet ensemble d'éléments, toutes ces communautés, syriaque, chaldéenne et assyrienne, ont pris conscience qu'elles parlaient la même langue, mais avec des dialectes différents.

Ces deux facteurs, la langue et la religion, sont fondamentaux pour définir l'identité. Je me souviens d'un prêtre qui me dit un jour : « Je suis d'autant plus chrétien que le Christ parlait ma langue. »

*Dans ce labyrinthe de communautés et de langues, il y a donc une empreinte commune !*

J'aimerais insister sur le caractère oriental de l'empreinte chrétienne de ces communautés. Quand on lit les Pères de l'Église, qu'ils soient syriaques, chaldéens, assyriens, grecs ou arméniens tous affirment que cette empreinte identitaire trouve son fondement dans l'Orient ancien. Ne sont-ils pas fréquemment présents dans la Bible et au cœur du message chrétien ? Timothée I^er^, patriarche de l'Église de l'Orient à l'époque des Abbassides, le résume ainsi : « Le Christ par la chair est un des nôtres. » Les sept premiers conciles ont eu lieu en Orient. Ce même Orient a donné d'illustres maîtres – nous l'avons déjà évoqué : Grégoire de Naziance et Grégoire de Nysse, Ignace d'Antioche et Jean Chrysostome, Théodore de Mopsueste et Nestorius, Éphrem le syriaque et Isaac de Ninive, Mesrop Machtots et Moïse de Khorène… Les connaît-on vraiment ?

*Quel est le territoire de cette empreinte identitaire assyro-chaldéenne ?*

J'appelle ce territoire la Syro-Mésopotamie, sans connotation politique. Le christianisme s'est structuré dans ce territoire, autour de deux grands centres majeurs : Kokhé[1] en Mésopotamie et Antioche[2] en Syrie. De toute évidence, ce sont les deux grands centres du christianisme avant Rome. D'Antioche, le christianisme s'est répandu dans toute l'Asie Mineure et quelques grandes cités sont devenues des références, telles Édesse[3] et Nisibe[4]. De Kokhé, il s'est propagé en Mésopotamie, en Perse et, au-delà vers les Indes et la Chine.

Dans cet espace géographique, tout à la fois berceau de civilisations et berceau du christianisme, ces deux Églises sont nées avec leur propre histoire, leur organisation et leur discipline.

Celle née en Syrie, sera marquée par la culture grecque pendant les six premiers siècles. De ce fait, Severius d'Antioche (465-518), son grand théologien, écrivait en grec. Il sera traduit par la suite en syriaque. L'autre centre, né au-delà de l'Euphrate, était, lui, au contact de la culture perse, avec une prédominance du syriaque oriental. Exégète renommé, Narsaï (mort vers 502) a écrit ses *memrés* directement en syriaque.

L'une se réclame de l'apôtre Pierre et d'Ignace d'Antioche, l'autre de l'apôtre Thomas, d'Addaï (Thaddée) et de Mari, chacune dotée de sa théologie propre.

Les deux ont été injustement condamnées : celle de Kokhé comme diophysite par le concile d'Éphèse (431), celle d'Antioche comme monophysite par le concile de Chalcédoine (451).

Ces deux institutions se sont aussi distinguées par l'écrit. L'une a développé une écriture syriaque cursive occidentale, l'autre une écriture syriaque cursive orientale. Les variations de ces deux écritures sont la résultante de ces conciles et des fractures christologiques qui ont été proclamées.

Jusqu'en l'an 518, le siège de l'Église syriaque était à Antioche. L'oppression de Byzance devenant trop forte, son patriarche Severius partit se réfugier à Alexandrie en Égypte et le siège patriarcal fut transféré pendant des siècles à Deir Bar Sauma, à côté de Mélitène (Malatia, en Turquie), puis au Tur Abdin (au sud-est de la Turquie), la « Montagne des Serviteurs de Dieu », où furent édifiés de vastes et nombreux monastères.

L'Église assyrienne de l'Orient fixa son siège à Kokhé, c'est-à-dire à Séleucie-Ctésiphon (Al-Madayn, en Irak), à quelque 30 km au sud de Bagdad. Il fut ensuite transféré à Bagdad sous les Abbassides. Elle cultiva non seulement le syriaque, mais aussi le grec, le persan et l'arabe.

*On qualifie aussi ces deux Églises d'orthodoxe et jacobite pour l'une, et de nestorienne et perse pour l'autre. Une explication s'impose.*

L'Église syriaque, dite orthodoxe, l'est dans le sens étymologique du terme, c'est-à-dire qu'elle suit la juste doctrine. Elle n'a rien à voir avec les autres Églises orthodoxes, grecques et slaves. On l'appelle aussi Église syriaque-jacobite, en référence à Jacques Baradée (Ya'qub Baradi'i) qui la structura au VIe siècle. À Hassaké, on appelait ses membres les *Ya'qubayé*.

L'Église de l'Orient, en laquelle se reconnaissent les communautés chrétiennes assyriennes, est également nommée Église de Mésopotamie ou de Perse. Ostracisée pendant 1 500 ans, elle est improprement qualifiée de nestorienne, du nom de l'évêque de Constantinople au Ve siècle (Nestorius), déposé au concile d'Éphèse en 431. Cette qualification ne traduit en rien sa réalité. Ce n'est pas Nestorius qui l'a créé. L'Église de l'Orient lui est antérieure. Les divergences théologiques qui lui valurent d'être banni ne valent pas qu'elle le demeure au XXIe siècle. Pour ma part, j'ai écrit en faveur de la réhabilitation de Nestorius.

À Édesse, au Ve siècle, l'évêque et maître en miniatures Rabbula n'aimait pas les Nestoriens. Hiba, qui traduisit du grec en syriaque les livres de Théodore de Mopsueste, était en conflit sévère avec lui. On finira par brûler les livres de Théodore de Mopsueste, qui fut condamné et excommunié en 553, c'est-à-dire 150 ans après sa mort ! Tout ceci a laissé des traces et des séquelles. Au XIIIe siècle, Bar Hebraus, maphrien[5] syriaque qui fut un théologien magnanime, ne condamna jamais l'Église de l'Orient.

À partir du XVIe siècle, une partie des prélats de ces deux Églises orientales choisit d'entrer en communion avec Rome. Ils voulaient extraire leurs communautés respectives de leur isolement, de l'obscurantisme et de la misère dans lesquelles elles vivaient. Aussi des schismes éclatèrent en leur sein et de nouvelles églises apparurent. C'est ainsi que fut instituée l'Église chaldéenne au XVIe siècle, ainsi que l'église syriaque-catholique au XVIIIe siècle.

Ces qualificatifs, jacobites et nestoriens, ont entraîné tant de confusions. Les anathèmes qui leur étaient associés ont généré tant d'obstacles. L'Église catholique romaine a très largement contribué à entretenir cette confusion. Ainsi, les missionnaires latins entreprirent de latiniser la liturgie. Or, le peuple ne parlait pas latin. En Inde, la latinisation forcée eut des conséquences extrêmement négatives. Main dans la main, les colonisateurs portugais, l'Église catholique et les Ordres religieux détruisirent des pans entiers de la culture chrétienne indienne de langue syriaque.

Il fallut attendre les années 1990, sous le pontificat de Jean-Paul II, pour que soient levés ces anathèmes et que soient signées des déclarations christologiques communes. Dans l'autre sens, les critiques et les sarcasmes existent aussi. Ainsi, parfois, quand les Assyriens parlent des Chaldéens, ils les raillent et parlent d'eux comme des *Papayé* (les adeptes du pape) !

*En dépit de ces contentieux, l'Église syriaque et l'Église de l'Orient ont connu un rayonnement culturel, historique et géographique remarquable.*

Malgré les contentieux christologiques et politiques avec le monde romano-byzantin, les Églises orientales ont éprouvé le besoin de conserver les assises philosophiques, la méthode d'analyse critique et la logique grecque. C'est pourquoi, les Églises syriaque et assyrienne de l'Orient traduisirent en syriaque les auteurs grecs, à commencer par Aristote. Serge de Rech Aïna (Ras al-Aïn, en Syrie) et Jacques d'Édesse comptent parmi les grands traducteurs syriaques des œuvres grecques. Au dernier, on doit la vocalisation du syriaque occidental, par l'introduction des voyelles grecques, qu'il inversa.

En outre, l'Église de l'Orient a connu une expansion considérable jusqu'en Extrême Orient, et avec elle, la langue syriaque. Cette Église était implantée en Perse, en Inde, en Asie centrale et en Chine. Nombre de missionnaires ont donc embarqué à Bassorah, pour évangéliser le Golfe Persique, l'Arabie, l'île de Socotra, le Yémen et au-delà. Les routes de la soie, maritimes et terrestres, qu'empruntaient les caravaniers et les marchands, et bien sûr les apôtres, ont fortement joué. Sur le plan culturel les rois perses sassanides étaient aussi attentifs à la civilisation et à la culture indiennes. On envoya donc des auteurs traduire du sanskrit au persan. Bud, le nestorien, traduisit *Kalila et Dimna*, au V^e siècle ! Ce lien culturel et civilisationnel entre l'Inde et la Perse a probablement favorisé la diffusion du christianisme. L'Église syriaque également fit preuve d'ouverture. Elle est aujourd'hui présente en Inde. Dans le sud de l'Irak, des évêchés syriaques, au cœur des tribus arabes, cohabitaient avec les évêchés nestoriens. En Arabie et au Yémen, notamment dans la ville de Najran, il y eut aussi une influence syriaque.

En dépit de leurs évolutions historiques et territoriales parallèles, les Syriaques et les Assyro-Chaldéens partagent depuis toujours bien plus de convergences que de divergences. Elles sont comme des sœurs jumelles dans la langue pratiquée, araméenne-syriaque. Elles le sont également dans leur expansion vers l'Orient. Elles sont aussi jumelles dans leur vécu historique, souvent tragique, notamment au XX^e siècle et en ce début de XXI^e siècle. Elles sont un même corps, un même esprit, une même nation.

Encore faut-il qu'elles le reconnaissent et qu'elles le veuillent.

La question du nom est l'une des raisons qui fait obstacle au rapprochement entre les Églises et à l'union entre les différentes communautés. Assyriens, Chaldéens, Syriaques-catholiques et orthodoxes en sont les expressions ordinaires.

Il est prématuré de faire un choix définitif concernant le nom de cette nation. Le plus important c'est d'être pragmatique. Le nom Assyro-Chaldéen est dans tous les discours. Les politiques et les diplomates aussi l'emploient. Dans le traité de Sèvres de 1920, c'est le vocable « Assyro-Chaldéen » qui est utilisé. Lors des débats à la conférence de Lausanne en 1923, c'est tantôt Assyrien, tantôt Assyro-Chaldéen. Chez moi, on utilisait le vocable *Aturayé*, c'est-à-dire Assyrien. D'autres se disent *Chaldayé*, du côté syriaque on se définissait comme *Suryoyo*. J'emploie généralement l'expression commune, Assyro-Chaldéen, même si elle ne peut être totalement satisfaisante.

L'attribution d'un nom à un peuple et à sa civilisation est souvent un choix politique. Après tout, qui suis-je pour définir ce peuple, même si c'est le mien, et au nom de quel droit ? L'appellation d'un peuple ne dépend pas seulement de quelques personnes, fussent-ils intellectuels, mais du peuple lui-même et de ses dirigeants légitimes. C'est l'État qui tranche.

Pour ma part, j'insiste sur le rapprochement. Je n'ai pas dit qu'il fallait à tout prix trouver un nom commun, parce qu'on ne le trouvera pas. Ce n'est pas par le nom qu'il faut commencer, mais par le développement de la culture dans une perspective qui fédère, rapproche et unit. Voilà le travail et le combat à mener en priorité pour avancer.

12

# Le Sénat et l'Assemblée nationale reconnaissent le génocide assyro-chaldéen

*Sur la question assyro-chaldéenne, entre le moment génocidaire (1915-1918) et tes premières publications dans les années 1980, bien plus de 60 ans se sont écoulés. Entre-temps, ne s'est-il rien passé sur un plan historique et politique ? Ce génocide ne semble pas avoir été pris en compte dans l'histoire de la France. C'est pourtant la France qui accueillit la conférence de la paix en 1919 et le traité de Sèvres en 1920. C'est la France qui occupa la Cilicie, avant de la donner à la Turquie. C'est la France qui reçut mandat de la SDN sur le Liban et sur la Syrie. C'est encore la France qui leva le bataillon assyro-chaldéen. C'est enfin la France qui accueillit une importante communauté assyro-chaldéenne. La France n'a pas seulement été observatrice et passive, elle a aussi été actrice de cette histoire.*

*Joseph, tu es le chercheur qui fit émerger en France la question du génocide assyro-chaldéen, dans les arènes académique et publique. Tes travaux ont été couronnés par la reconnaissance de ce génocide au Sénat, le 8 février 2023, puis à l'Assemblée nationale le 29 avril 2024, plus de 108 ans après les événements. Nous avons vécu ces moments ensemble.*

Le génocide des Assyro-Chaldéens (on peut aussi dire Assyro-Chaldéens-Syriaques) fut longtemps un épisode oublié des tragédies génocidaires commises dans l'Empire ottoman en 1915-1918.

Et pourtant la littérature sur ce génocide est extrêmement importante. Les sources sont nombreuses. Beaucoup ont été publiées ici en Occident (France, Angleterre, Allemagne, États-Unis...). Prenons deux exemples. Isaac Armalé (1879-1956), savant et prêtre syriaque-catholique de Mardin, ville martyre, fut un témoin oculaire. Il publia au Liban, immédiatement après les événements, un ouvrage de 600 pages, en arabe, avec une préface en français : *Les calamités des Chrétiens*. C'est un témoignage unique sur le drame des Syriaques et des Arméniens. J'ai découvert son livre en 1980. Depuis, je m'y réfère régulièrement. Sa famille, au Liban, l'a fait traduire en français, aux éditions L'Harmattan. Joseph Naayem, prêtre chaldéen à Adana, en Cilicie, témoin direct par excellence, publia à Paris un ouvrage intitulé *Les Assyro-Chaldéens et les Arméniens massacrés par les Turcs*. Les récits sur les convois de déportés sont effrayants. On le sait, les populations visées étaient chrétiennes, parce que non turques et non musulmanes. Il s'agissait des Arméniens bien sûr, mais aussi des Assyriens, des Syriaques, des Chaldéens et des Grecs pontiques. Joseph Naayem vint en France en 1920 et donna des conférences. Ensuite, il se rendit en Angleterre et aux États-Unis. Son livre fut traduit en anglais sous un autre titre : *Shall this nation die ?* Il y ajouta deux documents sur les massacres du Hakkari et de Perse.

D'autres récits peu connus, n'en sont pas moins importants. En effet, de nombreuses pages ont été écrites sur-le-champ, par les gens du pays, qui étaient des témoins oculaires, en syriaque (occidental et oriental) et en arabe, d'autres en français, en anglais et en allemand. Cette littérature contient notamment des poèmes à caractère tragique, restés pourtant confinés en Orient et donc limités à un nombre de lecteurs restreints. Mgr Israël Audo, évêque chaldéen de Mardin, écrivit son témoignage en syriaque littéraire classique. Détaillant toute la tragédie, il l'envoya sous forme de petits papiers à ses amis à Alqosh (en Irak) qui se chargèrent de les publier. Sur le sujet, la presse internationale (française, britannique...) constitue une autre source car elle a rendu compte de ces massacres dès 1915. En résumé, plus de 50 auteurs identifiés ont produit sur ce drame une littérature foisonnante. Si on devait compiler tous les textes, on cumulerait des milliers de pages.

Tous ces récits convergent et décrivent une politique systématique et préméditée au plus haut sommet de l'État de massacres collectifs et de déportations. Dans le Hakkari, à l'extrême sud-est de la Turquie, il y avait 100 000 Assyriens en 1915. Un an plus tard, en 1916, il n'y avait plus personne. La grande cité de Diyarbakir, qui comptait quantité d'Assyriens, de Syriaques, de Chaldéens, en plus des Arméniens, a été complètement purgée de toute sa population chrétienne. À Mardin, Siirt, Bitlis, Kharpout (Kharpert), le désastre fut le même. On l'appelait *Sefer berlik* en turc, « le voyage d'exil », autrement dit la déportation ! Quel était l'objectif des dirigeants Jeunes-Turcs unionistes de l'Empire ottoman ? Pourquoi l'ont-ils fait ? Pour le saisir, il faut faire un pas en arrière. La période 1912-1913 fut un tournant majeur qui marqua la fin de la partie européenne de l'Empire ottoman. Les vieilles ambitions ottomanes en Europe s'effondrèrent. En conséquence, les unionistes se replièrent sur la Turquie. On passa dès lors de l'ottomanisme au panturquisme et au pantouranisme. C'est la raison du repli sur l'Anatolie, voie de passage des Turcs vers l'Azerbaïdjan persan, le Caucase et l'Asie centrale. Le panturquisme fut ainsi mis en œuvre pour réaliser le mythe du pays de Touran. Il a des racines intellectuelles. Les textes publiés dans la presse en langue osmanlie (c'est du turc écrit en arabe) en attestent. Ziya Gökalp (1876-1924), originaire de Diyarbakir, fut le penseur de ce syndrome ultranationaliste qui vise à unir tous les peuples turcs, censés former une même famille. Or, qui donc vivait à l'est de Anatolie sur la voie de cette union des peuples turcs ? Qui donc en obstruait la continuité, le passage ? Les communautés chrétiennes !

*Tu considères aussi que le passage de l'ottomanisme au touranisme prit un caractère impérieux avec l'émergence du nationalisme arabe.*

Les pays arabes rejetaient en effet l'impérialisme turc, la marginalisation de la langue arabe et la prise de contrôle de l'islam par la Sublime Porte. Les Turcs persécutèrent aussi les populations arabes de l'Empire ottoman. Djemal Pacha, membre du Triumvirat Jeune-turc, ministre de la Marine et proconsul ottoman dans les territoires arabes de l'Empire, mit en œuvre une politique d'oppression au Liban et en Syrie. Conséquence, une famine meurtrière dévasta le Liban.

*Pourquoi a-t-il fallu attendre février 2023 et avril 2024 pour que ce génocide, crime politique d'un État paranoïaque, soit enfin publiquement reconnu dans sa dimension politique par le Sénat français et l'Assemblée Nationale. Plus de 108 ans après la tragédie ! Pourquoi une telle attente, alors que le génocide des Arméniens, commis par le même État criminel et à la même époque, a été reconnu par la France 20 ans plus tôt ?*

Cette question revient sans cesse. À partir de 1920 jusqu'au traité de Sèvres, le sujet était débattu. Comme évoqué, les Assyro-Chaldéens sont explicitement cités dans le traité de Sèvres. Mais depuis le traité de Lausanne, malgré une place non négligeable dans le procès-verbal, on en parle plus. La Turquie moderne fut créée et consacrée à Ankara le 24 juillet 1923 et de nouveaux États apparurent au Moyen-Orient (Liban, Syrie, Irak). Les enjeux n'étaient donc plus les mêmes. Les puissances européennes prirent acte de ces nouvelles réalités géopolitiques et les devancèrent au point de renoncer à – ou trahir – leurs engagements en faveur des Arméniens et des Assyro-Chaldéens. Aussitôt une chape de plomb tomba, qui vint enfouir ces génocides pour des dizaines d'années. Des spécialistes ont écrit sur cette question. Je pense notamment au Professeur Louis Le Fur (1870-1943) qui publia des articles dans la *Revue générale de droit international public* (RGDIP) tout comme plus tard, le professeur à l'Université catholique de Lille, Joseph Thomas Délos, un Dominicain. Quelques années après, la question refit surface dans la presse britannique et française, avec les massacres de Simélé en 1933 au nord de l'Irak. Après ces événements, on proposa de transplanter les montagnards assyriens du Hakkari en Guyane britannique et au Brésil ! Il faut voir ce que ce projet coûta. On envoya des experts étudier la nature du terrain. Le Patriarche de l'Église de l'Orient, Mar Eshaï Schimun, s'en indigna : « Si vous nous mettez en Guyane, ou au Brésil, c'est notre mort ». Il disait simplement : « Nous voulons rentrer chez nous au Hakkari ». Cela ne fut jamais possible.

Une question politique d'autonomie d'un peuple autochtone s'est transformée en une question d'implantation de réfugiés ! Ainsi sonna le glas de la dispersion.

*Malheur aux vaincus ! La création des États-Nations, Turquie, Irak, enterra définitivement les revendications arménienne et assyro-chaldéenne.*

Il fallut attendre les années 1980 pour qu'émerge un début de prise de conscience, qui fut indéniablement renouvelé à partir de 2003. En Irak, les persécutions perpétrées par les organisations islamistes contre les communautés chrétiennes et yézidies ont provoqué un rebond historique et un regain d'intérêt public et politique. C'est aussi la conséquence de plusieurs décennies de mobilisation des communautés assyrienne, chaldéenne et syriaque, dans le monde entier. Elles ont rendu cette question du génocide à nouveau apparente. En France, je pense particulièrement à la communauté assyro-chaldéenne venue de Turquie. Là-bas, dans leurs villages, ils étaient privés d'accès à la connaissance. Arrivés en France, ils étudièrent et découvrirent progressivement ce passé enfoui. Leur propre histoire ! Ils s'en emparèrent et rendirent visible la question du génocide assyro-chaldéen-syriaque.

Pour ma part, c'est en collectant les documents nécessaires pour ma thèse de doctorat d'État que je me suis rendu compte pleinement de cette tragédie. Quand j'ai découvert les livres de Joseph Naayem et d'Isaac Armalé, et aussi le très important *Blue Book* britannique, compilé par Arnold Toynbee en 1916, alors jeune historien, cela m'a saisi. Aussi, je me suis juré à moi-même ainsi que sur la tombe de ma mère de remettre cette page d'histoire oubliée dans la conscience des gens. Je me suis efforcé d'écrire un certain nombre d'ouvrages et d'articles sur ce sujet tout en enseignant. Mon goût pour la presse m'incita à publier dans divers journaux, de *La Croix* au *Figaro*, du *Monde* au *Monde diplomatique*, à *Témoignage Chrétien*, de *L'Orient – Le Jour* à la *Libre Belgique*, de *Al-Quds-al-Arabi* à *Al-Hayat*... C'est ainsi que début janvier 1984, je signai mon premier article dans *Le Monde*, sur les massacres de Simélé en Irak (1933), dans lequel il était indiqué en en-tête que la tragédie des Assyro-chaldéens était encore absente de la conscience de l'humanité.

*De fait, depuis 40 ans, tu n'as jamais cessé de publier dans les journaux, même dans la presse arménienne, comme le journal Gamk.*

Les Arméniens pour moi, ont été une école de formation, d'amitié et de convivialité. Ils m'ont beaucoup aidé y compris sur le plan méthodologique. Je pense en particulier au regretté Jules Mardirossian, à son frère Édouard, à Hilda Tchoboyan alors directrice de la Maison de la culture arménienne à Décines, à l'équipe du journal *France Arménie*, à Jean-Noël Kouyoumdjian qui s'occupait du centre de documentation (CEDIA) de Décines. Je me sentais chez moi à la Maison de la culture arménienne. J'y retourne encore aujourd'hui avec une certaine nostalgie. C'était aussi l'époque où ces mêmes amis arméniens saisirent à Genève la Commission des droits de l'homme de l'ONU. Cela tombait d'autant mieux que j'enseignais ces mêmes matières à l'Université catholique. À cette époque j'étais aussi sollicité par l'Institut Kurde de Paris, présidé par l'ami Kendal Nezan. Les débats étaient parfois vifs, mais les Kurdes se posaient sincèrement certaines questions sur la collaboration active de leurs proches et de leurs apparentés au génocide des Assyro-Chaldéens, en plus de leur rôle comme « irréguliers » dans le génocide des Arméniens.

Progressivement ce travail historique a permis de jeter les bases, le cadre et le contexte de ce génocide.

En somme, expliquer ! C'est ce dont j'avais souffert en Syrie, à Hassaké. J'étais certes enfant, mais je ne savais rien. Je sentais bien qu'il y avait eu quelque chose, mais personne ne pouvait ne serait-ce que décrire les choses vécues. Je me disais à l'époque : « Mais de quoi s'agit-il ? » Nul n'était capable de contextualiser les événements et de les expliquer de manière rationnelle.

Parallèlement, je visitais les communautés assyro-chaldéennes à travers le monde. En 1986, je me rendis à Chicago et en Californie pour une série de conférences, à l'occasion de la publication en anglais de mon livre *The Assyrian Question*, qui est le résumé de ma thèse. Ce fut un moment de vie intense. L'intérêt était très grand aux États-Unis, où la communauté assyro-chaldéenne est importante, forte de ses églises, de partis politiques et d'associations actives, dont certaines portaient le nom du grand roi assyrien, Assurbanipal.

Durant ces années 1980, je côtoyais aussi les Assyro-Chaldéens et les Syriaques nouvellement arrivés en France comme réfugiés. Ils venaient principalement de Turquie et avaient quitté leurs villages (Harbolé, Meer, Ischy, Bazyan, Hoz...) en raison de la guerre contre les Kurdes dans le sud-est du pays. Ils s'installèrent principalement dans le Val d'Oise. Là aussi, ce furent des moments denses et inoubliables qui se prolongent encore aujourd'hui.

Les Assyro-Chaldéens de Turquie furent pour moi une nouvelle école d'apprentissage du génocide. Au terme de multiples entretiens, d'émissions de radio et d'articles de presse[1], je leur ai consacré mon tout premier livret en 1986[2].

Leur travail fut capital. Je pense particulièrement à l'Association des Assyro-Chaldéens en France (AACF), créée en 1987 à Sarcelles. Un travail sans relâche a été réalisé depuis qu'elle a découvert cette question et se l'est appropriée. Elle a agi auprès des mairies, des services départementaux, des régions, des ministères, des hommes et des femmes politiques sans relâche pour faire connaître ce génocide. Certains Assyro-Chaldéens sont même venus suivre des cours à l'Institut des droits de l'Homme de Lyon, sur le droit international et sur la notion de génocide. Des associations suivirent le même chemin dont l'Union des Assyro-Chaldéens de France (UACF). Que leurs membres soient ici tous remerciés pour leur dévouement. Je pense particulièrement à Petrus Karatay, à Numan Adlun, à Georges (Bircan) Oclin, à Bruno (Zaya) Yakan, à Antoni Yalap et à Nail Bet-Kinné (Belgique).

Ce travail collectif a porté ses fruits : l'érection de plusieurs stèles commémorant le génocide, de bustes de leurs représentants, accompagnés de maintes publications. En 2015, la commémoration du centenaire du génocide a eu une portée majeure. Je salue ici l'ancien député-maire de Sarcelles François Pupponi qui a accompagné sans relâche la communauté. Sans lui rien n'aurait pu se faire dans cette ville. Qu'il en soit ici vivement remercié.

*Le vote de reconnaissance, au Sénat le 8 février 2023, et le 29 avril 2024 à l'Assemblée nationale, s'inscrit dans ce processus comme un accomplissement, même si ce n'est pas encore un aboutissement.*

Le 8 février 2023, le Sénat français a voté quasiment à l'unanimité une résolution relative à la reconnaissance du génocide des Assyro-Chaldéens de 1915-1918. Ce rendez-vous avec l'histoire fut un fait marquant. Un comité pour la reconnaissance du génocide assyro-chaldéen, présidé par François Pupponi, œuvrait assidûment pour une reconnaissance plus large. Lors du dîner annuel organisé par l'Association des Assyro-Chaldéens en France le 27 février 2024, à Paris, à l'Hôtel Intercontinental, toutes les interventions des hommes politiques laissaient entendre cela. Un peu plus d'un an après le Sénat, l'Assemblée nationale a voté une résolution similaire, le 29 avril 2024. Sur les 120 députés qui ont participé au vote, 110 ont voté pour, 10 se sont abstenus. Il n'y a pas eu d'opposition au texte.

Quand on lit les textes des comptes rendus intégraux, on mesure l'importance des paroles tenues et l'engagement des parlementaires dans ce sens. C'est quelque chose d'ordre historique[3].

Il y a maintenant des textes (des résolutions) sur lesquels on peut s'appuyer. Avant il n'y avait rien. Cela donne un appui normatif.

J'observe aussi que tout en étant conforme au texte du Sénat, la résolution votée par l'Assemblée nationale va plus loin. Elle « encourage le travail de mémoire, en particulier à travers l'enseignement et la culture, afin de mieux faire connaître les événements survenus au cours de cette période de l'histoire, et les souffrances qui en découlent ». Cela ouvre un nouveau champ d'investigation. Cela ouvre le champ des possibles. Avec cette résolution on peut travailler sur la culture, sur l'enseignement. C'est capital.

Enfin, à ceux qui disent qu'il ne revient pas à un Parlement de dire l'histoire, je répondrais qu'un des axes fondamentaux des pays démocratiques est la défense des libertés, des droits de l'homme et de dénoncer les atteintes graves et flagrantes à ces libertés. Les traités et les déclarations européennes abondent de telles références. Qu'y a-t-il de plus ignoble que l'élimination d'une partie d'un peuple et de ses lieux de mémoire ? Et si le Sénat et l'Assemblée nationale ont finalement voté ces résolutions, c'est aussi grâce à la communauté qui a agi dans ce sens. Les Assyro-Chaldéens aiment la France, lui sont loyaux et fidèles depuis toujours. Par cette reconnaissance, ils prennent place dans la conscience des Français.

Désormais, les Assyro-Chaldéens-Syriaques ne sont plus les grands oubliés de cette tragédie génocidaire et ethnocidaire de 1915-1918.

*L'année 2022 marque aussi une évolution significative de ton travail de recherche.*

En Perse, à Ourmiah et Khosrawa Monseigneur Jacques-Emile Sontag et ses trois compagnons lazaristes, François Miraziz, Nathanaël Dinkha et Mathurin l'Hotellier, ont subi le martyre en juin-juillet 1918. Avec eux furent massacrés de nombreux Assyro-Chaldéens dans le cadre de la tragédie génocidaire de ce peuple, dont des membres de ma famille. L'archidiocèse de Paris a ouvert le 6 janvier 2021 la cause de béatification de ces quatre lazaristes. Je préside sa commission historique.

À l'heure où nous parlons, je continue plus que jamais ce travail pour pouvoir le rendre intelligible pour le plus grand nombre. En outre, je l'ai toujours accompagné de références culturelles et linguistiques. Je voulais montrer que cet Orient dit « arabo-musulman » est aussi « chrétien syriaque », et que son histoire remonte à 5 000 ans. C'est un projet de vie qu'il faut sans cesse enrichir et compléter. En conséquence, je me suis éloigné de mes autres causes. Éloigné sans pour autant rompre avec le passé. Avec cette cause, je retrouve ce que je cherche depuis toujours : lier le particulier et l'universel, l'objectif et le subjectif.

J'ai voyagé dans de nombreux pays pour apprendre, comprendre et partager. Je me souviens en Australie, en 1988 à Fairfield, d'une femme qui vint me voir après mon intervention et me dit : « Vous m'avez fait frémir, je ne sais pas lire la langue, je vais m'y mettre dès ce soir. » C'est ça aussi mon combat.

TROISIÈME PARTIE

# AU RENDEZ-VOUS DU DONNER ET DU RECEVOIR

13

# Enseigner l'universel et le particulier

> Nul n'a le droit d'effacer ma culture, car une communauté sans culture est un peuple sans êtres humains.
>
> LÉOPOLD SÉDAR SENGHOR (1906-2001)

*Joseph, l'Université catholique de Lyon est l'Agora où tu as pu donner et recevoir. Tu y as enseigné environ 40 ans. Tu y as contribué à la création de l'Institut des droits de l'homme et de la chaire UNESCO. Tu y as acquis et proposé un vaste champ de connaissances sur les minorités et les peuples autochtones. Tes nombreuses publications en attestent. En dépit de ton recentrage sur la question particulière assyro-chaldéenne, tu as toujours ouvert ton enseignement sur l'universel.*

Mon ancrage dans mon identité assyro-chaldéenne ne s'oppose pas à mon enseignement académique universaliste. J'ai rencontré l'humanité à l'Université catholique : l'Afrique, dans sa diversité ethnique, culturelle et linguistique, l'Amérique Latine, l'Asie. J'y ai rencontré des gens venus du monde entier et quand je les écoutais, je pensais à cette phrase de Karl Marx : « L'éducateur a besoin d'être éduqué. » D'ailleurs cela touchait mes étudiants lorsque je prononçais cette phrase en cours. C'était mon « rendez-vous du donner et du recevoir » pour reprendre la vision du poète et président sénégalais Léopold Sédar Senghor.

L'Institut des droits de l'homme (IDHL) a été créé en 1985. L'année de soutenance de ma thèse d'État. C'est surtout l'œuvre de Pascale Boucaud, longtemps sa directrice, qui fut doyenne de la Faculté de droit, mais aussi une amie chère. C'est elle qui fit le plus gros du travail. J'étais à ses côtés, avec d'autres, dès le départ, quand le recteur, Mgr Gérard Defois décida de l'ouvrir. Et cela continue toujours avec beaucoup de succès. À cette date, la notion de minorités et les revendications des communautés minoritaires dans le monde commençaient à peine à devenir visibles. Cette question m'intéressait d'autant plus que c'était en prolongement de mes travaux sur la question assyro-chaldéenne. Le fait d'appartenir à un peuple sans État m'a sans doute rendu sensible aux peuples qui n'ont pas de cadre juridique, c'est-à-dire les peuples privés d'État. En travaillant cette question, j'ai découvert l'existence d'environ 7 500 minorités dans le monde, pour seulement 195 États reconnus !

C'est dire les injustices qui ont été faites à tous ces peuples, qui n'ont pas pu, pour moult raisons, bénéficier d'une expression juridique et politique, capable de les protéger.

Outre l'enseignement, il nous arrivait d'être sollicités comme experts. C'est ainsi que le Bureau International du Travail (BIT) reçut fin 1989 une plainte de la minorité hongroise de Transylvanie, en Roumanie. C'était au cours des derniers mois du régime de Ceausescu. La plainte avait été jugée recevable. Le BIT m'avait alors proposé de faire partie du secrétariat de la commission, à titre d'expert sur les minorités, ce que je fis durant un an (voyages en Roumanie, rencontres et auditions, séances de travail à Genève).

Plus tard, en 2007, il y eut la création de la chaire UNESCO « Mémoires, cultures et interculturalité », une nouvelle étape, dont je fus le premier titulaire et qui se perpétue toujours. Cette relation avait été entamée quelques années auparavant. J'eus l'occasion de travailler à la bibliothèque de l'UNESCO et dans ses archives à Paris. J'y découvris un certain nombre de textes fondateurs et d'échanges de haut niveau sur la philosophie et les droits de l'homme, sur la diversité, sous le prisme de l'anthropologie et de la culture.

Il y a 40 ans, il était difficile de publier en France sur les minorités, *a fortiori* sur les Assyro-Chaldéens qu'on ignorait. C'est au Québec que j'eus l'opportunité de publier en premier. Malgré tout, mon intérêt pour les minorités et les peuples autochtones n'a jamais failli. Je suis parvenu à faire éditer en France un volumineux livre sur « Les minorités dans le monde. Faits et analyses », en 1998, aux éditions Desclée de Brouwer (DDB). Comble de l'ironie, le livre est épuisé. Il y avait donc un vrai besoin. Il n'y a pas si longtemps, le concept d'autonomie était honni. Or aujourd'hui il revient. Le gouvernement n'évoque-t-il pas parfois une autonomie pour la Corse !

Il faut dire qu'à l'époque, en France, il y avait un manque de références et d'ouvrages sur la question. On partait de l'idée qu'il n'y a pas de minorités en France, et que le seul peuple est le peuple français. On faisait alors une lecture quelque peu rigide de la notion de nation et de peuple, alors qu'elle secouait de nombreux pays, comme la Yougoslavie, aujourd'hui divisée en six Républiques (Serbie, Monténégro, Bosnie-Herzégovine, Croatie, Macédoine et Slovénie). Cette période vit aussi l'émergence des peuples sur les décombres de l'Union Soviétique, au Caucase comme aux pays baltes. Mais les réactions n'étaient pas adaptées, au point que lors de mes rencontres avec les organisations internationales on insistait sur le besoin de formation sur tous ces nouveaux aspects. Ces questions dépassaient aussi les organisations humanitaires. Intellectuellement, on était dans un universel pur qui planait, auquel manquaient des visages et un enracinement, bref l'état réel des choses.

Un exemple. J'avais rencontré en République de Macédoine des militants d'ONG, généreux et pleins de bonne volonté. La question qui s'est alors posée, était de savoir si un Macédonien slave et un Albanais de Macédoine accepteraient de la même manière l'aide humanitaire. La réponse variait selon les appartenances ethniques. Leurs attitudes et comportements différaient totalement. Il faut reconnaître que leurs réponses étaient surprenantes. La nécessité d'une approche anthropologique et culturelle s'imposait.

Ces organisations internationales humanitaires ressentaient le besoin d'un enseignement spécifique sur le droit des peuples à disposer d'eux-mêmes, les droits des minorités et des peuples autochtones, en situant l'homme concrètement dans l'espace et dans le temps. Elles commencèrent alors à envoyer leur personnel à l'Institut des droits de l'homme pour se former. Elles avaient un besoin intense de connaissances sur les peuples avant d'aller à leur rencontre. Il valait mieux savoir où l'on mettait les pieds ! Avec Pascale Boucaud, puis Bruno-Marie Duffé, Philippe Richard et d'autres, nous avons donc élargi notre enseignement. Pour mieux saisir l'homme concrètement, il était nécessaire d'introduire des cours d'anthropologie culturelle et juridique, d'histoire et de géopolitique, de théologie et de philosophie. L'ensemble de ce corpus conféra à l'IDHL un statut scientifique rigoureux plus important qui l'amena à proposer un vrai parcours académique diplômant. Claire, mon épouse, a connu l'Institut à son commencement. En 1985, elle se retrouva dans un camp de réfugiés au nord-ouest de la Thaïlande (*Ban Vinai refugee camp*) au milieu des Hmongs et d'autres ethnies. En plein milieu du camp, se trouvait aussi une léproserie. Ayant à la base une formation paramédicale, elle chercha à son retour une formation qui lui permette de comprendre à la fois l'histoire de ces flux de réfugiés dans le Sud-Est asiatique, la géopolitique, le droit international humanitaire qui pourrait les protéger, etc. Elle trouva donc l'IDHL. À l'époque, il n'y avait rien d'autre en France !

L'IDHL attira également nombre d'étudiants étrangers, intéressés par une démarche plus globale sur les droits de l'homme. C'était extraordinaire. Par ailleurs, il m'arrivait de donner des cours (en arabe) à l'Institut International des Droits de l'Homme de Strasbourg, créé à l'initiative de René Cassin. Des étudiants du monde entier venaient s'y former l'été. J'y rencontrais des étudiants du Yémen, de Bahrein, de Syrie, du Liban et des pays du Maghreb. Une sympathie se créa entre nous. C'était si instructif d'échanger avec eux, de saisir leurs motivations et les conditions dans lesquelles ils avaient quitté leur pays. Ils étaient curieux de mieux connaître cette nouvelle matière dont on parlait de plus en plus sur le plan mondial. Partout, on créait des Instituts et des départements de droits de l'homme. Les « printemps arabes » à leurs débuts, en Égypte et en Tunisie, s'en sont inspirés.

*Les recherches que tu as réalisées pour cet enseignement t'ont conduit à t'investir dans l'archéologie des droits de l'homme et du droit international. Ce que tu y as découvert contrastait avec le discours dominant.*

L'adoption de la Déclaration Universelle des Droits de l'Homme, le 10 décembre 1948, a été précédée d'un débat de deux ans. Des spécialistes indiens parlaient du poids de l'hindouisme, d'autres du confucianisme. Ils voulaient que soit donné un corps culturel au discours des droits de l'homme. Les discussions étaient souvent animées, non sans oppositions.

Cette exploration du champ des possibles des droits de l'homme m'a conduit à écrire un petit ouvrage *Réécrire la Déclaration universelle des droits de l'homme* (DDB) en 1998, et plus tard, en 2004, *Les droits de l'homme sont-ils exportables ? Géopolitique d'un universalisme* (Éd. Ellipses). J'ai été critiqué pour cela, comme si je touchais à un tabou, à un interdit. J'allais au-delà du discours classique occidental sur les droits de l'homme.

Mettons le texte de 1948 dans son contexte historique. Nous sommes alors à la veille du processus de décolonisation. En 1948, le nombre d'États indépendants était limité à une cinquantaine. L'Inde et la Chine en étaient. Leurs experts demandèrent que l'on vienne discuter chez eux. Au bout de deux ans, on finit par trouver un compromis, quoiqu'insuffisant. À la même période, il y eut un débat à l'UNESCO, dont la raison d'être est, comme on le sait, l'éducation, la science et la culture. Cette organisation adressa un questionnaire à des intellectuels de nombreux pays sur leur manière de concevoir les droits de l'homme d'un point de vue culturel. L'objectif consistait à parler de leurs civilisations et de la nécessité d'établir des normes qui puissent être agréées. Les peuples exprimèrent ainsi leur insatisfaction devant le texte adopté en 1948. Tout ceci est écrit. C'est dans les archives.

Après 1950, les mouvements de libération nationales commencèrent à voir le jour à l'échelle de la planète, auxquels s'ajouta la montée des pays non alignés. À partir de 1960, leur nombre devint si important qu'ils représentaient la majorité des États membres de l'ONU.

Insatisfaits par la Déclaration Universelle des Droits de l'Homme, ils demandèrent à la compléter par des Pactes et des Conventions sur les droits économiques, sociaux et culturels, ainsi que sur le droit des peuples à l'autodétermination.

Bien plus tard, en 1992, fut adoptée la Déclaration sur les droits des personnes appartenant à des minorités nationales ou ethniques, religieuses et linguistiques. Il faut dire que les droits des minorités ne figuraient pas dans la Déclaration de 1948.

En 2007, on introduisit aussi d'autres grands absents, les peuples autochtones. Ainsi fut votée la Déclaration des Nations Unies sur les droits des peuples autochtones. Que de temps, que de patience, que de labeur, pour voir émerger ces textes, dont les débats préparatoires furent longs et agités !

*Quelle est la valeur réelle et concrète de ce corpus juridique ?*

Malheureusement, il y a toujours des clauses qui permettent de dénoncer ces déclarations et conventions, de s'en exempter et même de s'en retirer. Des États signent sans ratifier. D'autres ratifient mais émettent des réserves. Sans parler de ceux qui signent et ratifient, mais ne respectent pas leurs engagements. Le général de Gaulle, lui-même, déclara : « *Les traités, voyez-vous, sont comme les jeunes filles et comme les roses ; ça dure ce que ça dure*[1] *!* ».

D'autre part, souvent les formules sont écrites avec une telle malléabilité qu'elles sont interprétables à l'envi. Cela s'est posé par exemple dans les pays baltes où après le démantèlement de l'URSS, il y avait dans ces pays des minorités russes qui demandaient à être reconnues.

Un exemple : à Saint-Pétersbourg, je me trouvais à un séminaire avec Philippe Richard, directeur de l'IDHL, avec des représentants du Conseil de l'Europe pour les minorités et avec de nombreux représentants de communautés minoritaires, surtout du Caucase, dont des Assyriens. Le Conseil de l'Europe avait traduit en russe le texte sur la Convention-cadre pour la protection des minorités nationales soumise à la signature des États en 1991. Elle fut distribuée à tous. Je me souviendrai toujours des débats et des tensions qui suivirent entre les communautés. Un Russe d'Estonie se leva et dit : « Mais à quoi servent ces textes ? Venez voir les réalités ! » Il montra alors ses papiers d'apatride !

J'en ai tiré une leçon sur le plan intellectuel. Tant que le discours est trop abstrait, tant qu'il parle de l'homme en général, d'un homme conçu comme interchangeable, cela ne marche pas. L'abstraction est tellement forte qu'elle finit par évincer le particulier, c'est-à-dire l'homme réel qu'on ne voit pas ou qu'on ne veut pas voir. À l'inverse, l'excès de particularisme empêche le dialogue. Chacune de ces deux démarches a ses propres dérives, l'approche abstraite comme l'approche particulière. D'où la nécessité de créer une dynamique entre les deux en tentant de les rapprocher. Dans le discours classique des droits de l'homme, on est bien entendu dans l'abstrait. Il revêt certes des aspects positifs, à commencer par le fait que tout homme est reconnu comme digne de respect, quelles que soit son appartenance, son origine et sa religion. Dans la pratique, il faut aller plus loin. A-t-on vu deux sociétés qui ont la même conception, et *a fortiori* le même exercice du droit ?

Pour que le discours soit effectif, il faut qu'il touche l'être humain, d'où l'importance du particulier. Comme je l'ai écrit : « L'universel doit être particularisé et le particulier doit être universalisé[2]. » La tâche est autrement plus ardue, parce qu'avant tout, il faut reconnaître l'Autre et son humanité. C'est précisément le rôle de la culture d'assurer cette médiation entre le particulier et l'universel.

*Quel bilan tires-tu de cette myriade de textes qui composent le droit international, tel qu'il a été élaboré par l'ONU depuis 1948 ?*

Tout dépend de l'angle sous lequel on voit ces textes. Sur le plan culturel, pour les minorités et peuples autochtones, c'est indéniablement un acquis positif, même si ces textes auraient pu être mieux formulés.

*Vers quels autres peuples ta propension à l'universel te porte-t-elle ? Dans les yeux de quels autres peuples te reconnais-tu ?*

Je te répondrai, évidemment, les Arméniens ! Et aussi, indépendamment de toute considération politique, je pense aux Juifs. Mes recherches et mon travail sur les Assyro-Chaldéens m'ont amené à relire l'histoire du peuple d'Israël et la manière dont la Bible hébraïque a été perçue par les Assyro-Babyloniens, et les liens tissés entre les deux peuples à travers l'histoire. Je suis sensible et admiratif face à la résistance du peuple juif pour préserver ses traditions et son identité. Aujourd'hui, il faut poursuivre le dialogue, malgré les circonstances politiques qui sont difficiles, autour notamment de ce fonds sémitique commun qui existe entre l'araméen, le syriaque, l'hébreu et l'arabe.

J'ai aussi une affection particulière pour les peuples autochtones, qui m'ont toujours fasciné par leur attachement viscéral à leurs traditions et leur esprit de résistance. Ils ont été également très mal traités dans l'histoire. J'ai écrit et j'ai enseigné à leur propos. Je pense aux Aïnous, aux Hmongs, aux Garifunas, aux Bouriates, aux Kurdes, aux Yézidis, aux Pygmées, aux Touaregs… Je nourris enfin une empathie pour l'Alsace, le pays de Claire, et son peuple si attaché à son identité et à son droit local et qui a également souffert dans l'histoire. L'Alsace me rappelle spontanément l'Assyro-Chaldée, dont les frontières ont toujours vacillé. L'Alsace est aussi un *Bet Tkhouma*, comme on le dit en araméen : un pays-frontière !

## 14

# Du Moyen-Orient à l'Artsakh, une actualité brûlante qui interroge

*Tout au long de nos rencontres pour préparer ce livre, le présent nous a percutés violemment, aussi bien au Moyen-Orient qu'en Artsakh.*

*En Artsakh, le 19 septembre 2023, l'Azerbaïdjan est passé à la phase ultime de l'élimination des Arméniens de ce territoire autodéterminé depuis 1991. Cette offensive finale conduite avec les complicités de plusieurs États avait été précédée d'un blocus absolu de 8 mois contre les 120 000 habitants de ce territoire.*

*En Irak, le 26 septembre 2023, un terrible incendie a fait près de 140 victimes à Bakhdida (Qaraqosh), dans la plaine de Ninive. C'est une catastrophe de plus pour cette cité chrétienne qui avait déjà tellement souffert sous Daesh et où nous sommes allés ensemble en avril 2023 avec un groupe réuni par l'association Mesopotamia.*

*En Israël, le 7 octobre 2023, une opération terroriste du Hamas a fait 1 200 morts israéliens et 250 otages de différentes nationalités. La riposte israélienne est terrible avec des bombardements systématiques sur tout le territoire de Gaza, sans distinction des combattants et des civils, des femmes et des enfants. Situation désastreuse, hallucinante, désespérante.*

*Comment le chercheur que tu es appréhende-t-il ces événements accablants dans ces pays que tu connais si bien ?*

Cette actualité brûlante, avec ses aspects tragiques, nous a rattrapés lors de nos rencontres. Nous en sommes évidemment tous les deux bouleversés.

*Commençons par l'Irak, un pays sur lequel tu as beaucoup écrit.*

Les guerres du Golfe successives (1980-1988, 1991 et 2003) ont été dévastatrices non seulement pour sa chrétienté autochtone, vieille de 2000 ans, mais aussi pour l'ensemble de la population irakienne. Il ne faut jamais l'oublier. L'Irak n'est pas un désert comme le laissait entendre l'opération « Tempête du désert » mené par les Américains en 1991. L'Irak est à la genèse du monde civilisé. *L'histoire commence à Sumer*, titre l'ouvrage de l'orientaliste Samuel Noah Kramer. C'est aussi une terre biblique, pays du Talmud de Babylone, un berceau majeur du christianisme et un centre important de l'islam chiite (Kerbala, Nadjaf). Juste à la veille de l'invasion américaine de l'Irak en mars 2003, j'avais publié un ouvrage[1] montrant les conséquences que cela entraînerait non seulement sur les chrétiens, mais aussi sur tous les Irakiens. Beaucoup de personnes pensaient alors qu'on pouvait importer la démocratie dans ce pays, par la force et par un coup de baguette magique. Il n'en fut rien. La diplomatie française en avait mesuré les conséquences en refusant de suivre les Américains. Je pense particulièrement au discours à l'ONU de Dominique de Villepin, alors ministre des Affaires étrangères. Je pense aussi à la réaction du patriarche chaldéen Raphaël I^er^ Bidawid en janvier 2003 qui déclarait : « Bombarder à nouveau l'Irak n'aura aucun résultat concret, à part celui d'aggraver la fracture entre l'Occident et l'Orient », ajoutant : « Même si les gens n'oublient pas la responsabilité du régime irakien. »

En 2014, l'organisation terroriste islamiste Daesh apparut et reste encore dans toutes les mémoires. Mossoul tomba entre ses mains. Des milliers de chrétiens fuirent, abandonnant tout. J'avais alors publié une contribution sur « Ninive endeuillée[2] ». Bakhdida (Qaraqosh), ville syriaque de plus de 50 000 habitants, a tenté de résister à Daesh. Sa population a été contrainte de prendre la route de l'exode en août 2014 et s'est réfugiée à Erbil. Finalement, les habitants sont revenus après maints efforts et ont retrouvé le goût de la vie. La vitalité des Syriaques de Bakhdida fut belle à voir en 2023, le jour de la Fête des Rameaux. Nous étions ensemble, avec une quarantaine d'amis français et irakiens, tous très émus, au cœur de cette foule innombrable et heureuse. Joie et larmes étaient mêlées. Avec ce nouveau drame, cet incendie dévastateur le 26 septembre 2023, je m'interroge : quelles seront une fois de plus les conséquences sur la population ? Je pense à tant d'amis de cette cité, avec lesquels nous avons noué des liens. Quelles conséquences ? Une nouvelle migration ? Elle a déjà commencé. Il ne faut surtout pas laisser cette communauté seule, dans sa douleur.

*En dépit de cette tragédie et des efforts nécessaires pour soulager cette douleur, un avenir est-il encore possible pour ces communautés chrétiennes de langue syriaque dans le berceau géographique qui les vit naître ?*

Rien n'est jamais perdu. Le retour en Mésopotamie, à Erbil, du Patriarche de l'Église assyrienne de l'Orient, Mar Awa III, est un signe historique très fort. Il est pourtant né en diaspora, aux États-Unis. Son installation en Irak est donc un retour à la source. Il fallait voir aussi l'accueil qui lui fut réservé lors de sa visite en Inde en 2023 par les communautés de langue malayalam. Mar Awa a ouvert un séminaire à Erbil et entretient des contacts importants avec l'Église chaldéenne et son Patriarche Raphaël Sako. Les deux patriarches de la même famille assyro-chaldéenne, l'une autocéphale et l'autre catholique, résident aujourd'hui à nouveau tous les deux dans le même pays !

À l'est de la Turquie, à Amid/Diyarbakir, un archevêque chaldéen, Mgr Sabri Anar a été installé en juillet 2023, après une très longue vacance. À Istanbul, une église syriaque orthodoxe du nom de Saint-Éphrem a été inaugurée le 8 octobre 2023.

Malgré les traumatismes historiques, les catastrophes, les guerres et les persécutions, ces communautés chrétiennes orientales de langue syriaque continuent de vivre et d'espérer.

Ne les mettons pas trop vite au musée. Ni les communautés, ni leur langue syriaque.

*Sur la question de l'Artsakh, je te sais également troublé. Quelles questions pose cette invasion au regard du droit international et en particulier du droit des peuples autochtones ?*

Avec ce qui se passe aujourd'hui en Artsakh, je tiens à renouveler ma solidarité indéfectible avec le peuple arménien, peuple frère, qui vit une nouvelle tragédie. Les Assyro-Chaldéens et les Arméniens ont vécu ensemble tant de tragédies, notamment en 1915-1920 ! Mes souvenirs d'Artsakh remontent à 1993. Je fis partie d'une délégation qui rendit une visite fraternelle aux populations arméniennes d'Artsakh, épuisées par une douloureuse guerre de libération de 6 ans. Cette mission m'est revenue à l'esprit avec l'invasion militaire de l'Artsakh par les troupes azéries. Je n'en crois pas mes yeux. Ma sœur, Élisabeth de Chicago et son fils Sam se sont rendus en Arménie pour manifester leur solidarité avec les Assyro-Chaldéens qui y vivent et avec les Arméniens. L'Artsakh est un des berceaux de l'identité arménienne, un berceau aussi du christianisme arménien. Les églises que j'ai eu l'occasion de visiter l'attestent à merveille. L'histoire de ce territoire est inséparable de celle des Arméniens et de l'Arménie dans sa globalité.

Les questions que pose cette invasion sont nombreuses. J'en évoquerai deux. On parle tantôt du droit des peuples à l'autodétermination, tantôt du droit des minorités. Si les Arméniens d'Artsakh sont une minorité sur leur propre territoire, de quel État dépendent-ils ? S'ils sont une composante intrinsèque de la nation arménienne, n'ont-ils pas de fait le droit à l'autodétermination ?

Depuis 30 ans, on n'avait plus vraiment entendu parler du droit des minorités. Quand on parlait de l'Artsakh, on parlait de l'autonomie autoproclamée d'un territoire que les injustices de l'histoire sous Staline avaient attribué à l'Azerbaïdjan pour des considérations géopolitiques. Selon quels critères peut-on juger qu'un territoire appartient à un peuple ? Les critères géographique, historique, ethnique, ne sont-ils pas des éléments constitutifs d'une nation ? Les Arméniens d'Artsakh sont chez eux.

Avec cette offensive militaire inadmissible de l'Azerbaïdjan, on proclame la nécessité d'appliquer les règles du droit international. Or, le droit international lui-même tient compte des caractéristiques ethnique, géographique, culturelle, linguistique, qui constituent un peuple. Pourquoi donc le droit international serait-il limité aux aspects purement et exclusivement juridiques ? Le texte de la Déclaration des droits des peuples autochtones s'applique parfaitement au cas des Arméniens d'Artsakh et légitime en quelque sorte leur appropriation du territoire. Or, il n'est plus pris en compte aujourd'hui !

Prenons un autre exemple. Pourquoi et comment le Kosovo, qui faisait partie de la Serbie, comme minorité, a-t-il obtenu son indépendance, devenant ainsi un État ? Tout a été décidé par les grandes puissances, en commençant par les États-Unis à la conférence de Rambouillet, pour détacher le Kosovo de la Serbie, fût-ce par la force. Et c'est par la force qu'ils l'ont fait. Or qu'a-t-on invoqué juridiquement ? Le droit des peuples à l'autodétermination. Pourquoi donc ce même droit des peuples à l'autodétermination serait-il refusé aux Arméniens d'Artsakh ?

Dans le cas des Arméniens de l'Artsakh, les grandes puissances et les institutions internationales invoquent maintenant le droit des minorités. Pourquoi le font-ils désormais ? Est-il désormais de leur intérêt de contraindre les Arméniens d'Artsakh à demeurer en Azerbaïdjan comme une simple minorité ? Fi donc de l'autodétermination d'un peuple autochtone. Fi donc de son histoire, de sa culture, de sa survivance. Dans quel sens est ici invoqué le droit international ? Là encore, on est devant des contradictions et des interprétations normatives opposées.

Seuls comptent les intérêts d'États qui prétendent à la domination, comme la Turquie et l'Azerbaïdjan, et ceux, versatiles, des grandes puissances. La Russie qui soutenait l'Arménie a changé d'alliance, en raison de la nouvelle donne géopolitique. On constate aussi que les principes humains en tant que fondements du politique se sont évanouis. Malheureusement, le droit international est instrumentalisé selon les intérêts en jeu et les circonstances politiques immédiates. Les logiques des États impliqués dans la destruction de la civilisation arménienne de l'Artsakh, en plus de celles des grandes puissances, prévalent ici sur toute autre considération. C'est un désastre de plus pour les Arméniens, pour le droit des peuples autochtones et pour le droit à l'autodétermination des peuples.

*Je voudrais enfin aborder la question israélo-palestinienne, en raison de cette nouvelle guerre, qui nous éloigne chaque jour un peu plus d'une perspective de résolution politique.*

Une nouvelle guerre fait rage entre Israéliens et Palestiniens. L'opération terroriste du Hamas, en Israël, le 7 octobre 2023, a fait 1 200 morts israéliens, dont des femmes, des vieillards, des enfants dans des conditions abominables. Il y a eu aussi 250 otages. C'est terrible. En contre-attaque, Israël bombarde inlassablement l'enclave de Gaza, où vivent plus de deux millions de Palestiniens. Cette riposte est disproportionnée. Elle a causé de très nombreuses pertes humaines et a provoqué une catastrophe humanitaire sans précédent, dénoncée par l'ONU. Plus de deux millions de Gazaouis sont à leur tour pris en otage. On est en train de les « déshumaniser ».

Et après, qu'arrivera-t-il ? Pour l'instant, les haines ne font que s'accentuer sans d'autre réelle perspective. Une solution politique s'impose urgemment, celle de deux États. Ceci requiert le retrait israélien des territoires palestiniens occupés (Cisjordanie et Gaza). Tout se faisait d'ailleurs ces derniers temps comme si les Palestiniens n'existaient pas. Ce conflit a des répercussions psychologiques profondes sur les deux peuples et des retombées régionales et internationales, avec risque d'embrasement. Quelle épreuve, quel calvaire ! Pour saisir ce conflit, il faut revenir à l'histoire, rarement abordée, alors que c'est une question qui a fait l'objet de très nombreux débats et de multiples résolutions adoptées par l'ONU depuis 1948. Le 15 mai 1948, jour de la création de l'État d'Israël, signe simultanément la Nakba[3] pour les Palestiniens. Voilà, tout le tragique est là. Il s'agit d'un cas unique dans l'histoire. Le même jour où un peuple acclame la naissance de son État, de l'autre côté un autre peuple pleure son effacement.

*Continues-tu de regarder cette question par le prisme du militant que tu as été, ou par le prisme de l'analyste que tu es ?*

J'ai un regard engagé accompagné de convictions. Sous ce prisme, quand on réfléchit sur ce conflit tragique, à l'évidence, la question qui se pose est celle de l'urgence de la diplomatie et de la négociation avec des personnes de bonne volonté, agréées par les deux protagonistes. C'est la seule perspective à moyen terme pour une solution pragmatique, celle de deux États.

15

# De la nation

## Plaidoyer pour une identité plus spirituelle et culturelle que physique et territoriale

*Un mot-clé semble émerger de nos échanges successifs. C'est le mot nation. Je le situe à la convergence du particulier et de l'universel. C'est autour de ce concept que s'articulent les identités et les sociétés, que se structurent les cultures et les civilisations. J'aimerais que nous abordions directement ce concept, objet de toutes sortes de spéculations et de manipulations. Revenons à la source : qu'est-ce qu'une nation ?*

Le terme de nation vient du latin *nascere* qui veut dire naître. C'est donc le natif. Ce terme a des sens multiples et quelques traits essentiels qui en font l'armature. Une nation c'est avant tout une communauté humaine liée par des éléments communs : territoire, langue, culture, religion, histoire, traditions…

Sous ce prisme, les Assyro-Chaldéens ont une langue commune, un territoire commun, des traditions communes. Avec la nation on s'enracine, on se lie à une terre, à des aïeux, à une histoire partagée. Même si l'on vient d'ailleurs, on peut trouver des liens communs qui permettent de faire en quelque sorte communauté. Cela dit, gardons-nous de généraliser. Le concept est modulable et sa mise en œuvre varie en fonction des moments et des circonstances.

La langue et la religion sont les liens les plus résistants qui rattachent les hommes entre eux. La langue est un facteur spontané, naturel, grâce auquel une communauté humaine peut faire nation. Que font deux Français qui se croisent à l'autre bout du monde, deux Arméniens ou deux Chinois quand ils entendent parler leur idiome ? Ils sont heureux d'échanger dans leur langue.

Une nation ne veut pas dire une identité figée, qui s'opposerait nécessairement à tout ce qui vient de l'extérieur. Aussi faut-il voir le concept de manière évolutive. L'écrivain et poète portugais Miguel Torga le décrit à sa manière : « L'universel, c'est le local moins les murs. »

En Europe, les aspirations nationales sont apparues en 1848, avec ce que l'on appelle le Printemps des Peuples. Dès lors, les nations ont manifesté leur volonté de vouloir s'affranchir de la tutelle des empires : austro-hongrois, germanique, ottoman…

Et chacun sait que cela ne s'est pas fait spontanément, ni pacifiquement. De même, au-delà des frontières européennes, en développant leur arabité, les nations du Moyen-Orient se sont opposées à l'ottomanisme. Ici, l'élément religieux n'entrait pas vraiment en considération, du moins pas comme élément déterminant.

*L'idéal national a souvent dérivé en Europe vers l'ultra-nationalisme !*

L'histoire européenne n'est pas universalisable. Elle lui est propre. Il y a des degrés dans le nationalisme. Il est vrai que cela peut aboutir à des formes extrêmes, voire fascistes, quand le nationalisme devient fou. L'Europe en a connu la douloureuse expérience historique.

Hors d'Europe, des cas divers sont apparus, fussent-ils tragiques. Gandhi était viscéralement indien et fondamentalement humaniste. Il rejetait les castes, les divisions. Il voulait une Inde unifiée, dans laquelle les hindous, les musulmans et les autres peuples vivent ensemble. C'est pourtant un Indien, fanatisé, qui l'assassina. En Israël, Yitzhak Rabin qui cherchait la paix avec Yasser Arafat a été assassiné par un extrémiste israélien. C'est ainsi que fut ruiné le processus de paix israélo-palestinien et le projet de création d'un État palestinien.

Dans le monde arabe, prenons l'exemple du mot *ouma*. À l'origine, il ne signifie pas nation musulmane. C'est la prise de conscience d'une nation arabe. S'il n'y avait pas eu cette notion de *ouma arabia*, jamais les pays du Moyen-Orient n'auraient pu accéder à l'indépendance. Ils seraient restés sous le joug des Turcs, qui instrumentalisaient la communauté de destin musulmane pour maintenir leur contrôle sur le monde arabe. L'argument religieux s'est retourné, puisque les Arabes répondirent aux Turcs que le centre de l'islam c'est La Mecque et non Istanbul, et que la langue canonique de l'islam c'est l'arabe. Dans ce cas, les peuples arabes du Moyen Orient se référaient à la religion dans une visée identitaire et non dans un sens exclusivement religieux.

Par ailleurs, le mot nation en araméen se dit *oumta*. C'est très proche d'ouma en arabe parce que la racine est la même. *Oumta* signifie le pays, la mère, là où on est né. Quand on dit de quelqu'un qu'il est *oumtanaya*, on signifie par là qu'il est attaché à son peuple.

*Une nation n'est pourtant pas seulement un savant et bel assemblage de facteurs communs. Le territoire, la langue, la religion, l'histoire, la culture et les traditions n'expliquent pas tout. Il y a aussi une démarche personnelle de l'ordre de l'adhésion.*

L'appartenance nationale est aussi et avant tout une appartenance spirituelle. Le facteur subjectif est très important. La notion de choix est donc essentielle.

Moi-même, je me sens français tout en venant d'ailleurs, et ceci s'ajoute à mon identité assyro-chaldéenne. Né en Syrie, suis-je pourtant vraiment syrien ? Mes parents venaient d'Iran, mais je n'ai jamais vraiment parcouru ce pays, terre de mes ancêtres. Pourtant, alors que j'eus l'occasion de visiter Ourmiah, je ressentis soudainement en moi une fibre iranienne qui m'appelait. Je suis arrivé au Liban à l'âge de 10 ans. Sans pour autant être né au Liban, je me considère libanais. Je suis ensuite venu en France, à l'âge de 25 ans, pour mes études. J'en ai acquis la nationalité. Je me sens également profondément français. J'aime beaucoup la France, j'y suis très attaché, parce qu'elle m'a beaucoup donné. Et je le lui ai rendu par l'enseignement, par l'écriture, par l'amour de sa langue… La France est en moi, et en même temps cela s'ajoute à mon identité assyro-chaldéenne… Je vais dans le monde en tant que Français. En définitive, mon identité est plus spirituelle et culturelle que physique et territoriale.

*Dans sa Lettre aux Galates (3, 28) saint Paul proclame : « Il n'y a plus ni juif, ni grec ». Faut-il y voir une condamnation du concept de nation ?*

Il faut l'entendre comme une éthique. Ce n'est pas un message politique. Le Christ dit : « Mon royaume n'est pas de ce monde ». Il dit aussi : « Rendez à César, ce qui est César et à Dieu, ce qui est à Dieu ». Par-là, saint Paul dispensait une éthique d'entente entre les peuples. Il est vrai qu'au-delà de nos appartenances particulières, nous appartenons à une même humanité.

*Du concept de nation à celui de civilisation, comment se fait l'articulation ?*

Du concept de nation à celui de civilisation, l'articulation est différente. Ce qui fait civilisation ne peut être mesuré que dans l'évolution, dans le temps long. Jean Rostand, le biologiste, écrit : « Tout ce que l'homme a ajouté à l'Homme, c'est ce que nous appelons en bloc la civilisation. »

Les Assyro-Chaldéens ont pris, ont donné et ont rayonné. Ils ont pris la pensée grecque, parce qu'ils ont vu son importance, ils l'ont traduite en syriaque et l'ont transmise. De toute évidence, c'est un acte civilisationnel et une ouverture au monde. Les Assyro-Chaldéens ne sont pas que des « Chrétiens d'Orient », terme ô combien confus. Et même leur christianisme, oriental, est de type civilisationnel. Quand ils ont apporté le christianisme à l'Inde, ils portaient l'humanisme chrétien. En échange, ils se sont enrichis. C'est une démarche civilisationnelle. Ces missionnaires venus de Mésopotamie ont pris en compte et ont donné à la culture indienne. Bref, des apports et des bienfaits réciproques.

# 16

# La France, cette « grande chaudière » !

*Joseph, pour clore nos échanges, tu souhaites nous proposer ton regard sur la France. Ta France. La manière dont elle a évolué au cours de ta vie, la manière dont elle pourrait évoluer demain.*

*Ton regard sur la France porte sur l'identité de ce pays. C'est une question assez récurrente dans le champ politique. Ton regard n'est évidemment pas de cette nature. Quel est, Joseph, ta perception de la France, de son identité, de ses piliers identitaires ?*

Dans le cadre des débats politiques qui traversent la France, j'ai été amené ces dernières années à mener une réflexion sur la France. J'ai rédigé à ce sujet un essai, resté à l'état de manuscrit pour le moment, dans lequel je m'interroge : sur quels piliers repose l'identité française ?

La France est multiple dès le commencement et s'est formée dans la diversité. C'est ainsi qu'elle évolue depuis des siècles et même des siècles avant J.-C. Il est fondamental de comprendre que l'identité française est issue de différentes rivières et comment elle a pu faire son unité.

Elle a un héritage gaulois, gréco-romain et araméo-judéo-chrétien. L'humanisme et la Renaissance sont également constitutifs de cet héritage à partir du XVe siècle. Les derniers siècles ont vu de nouveaux champs intellectuels et politiques, culturels et humains entrés dans l'identité de la France.

*Commençons par l'héritage gaulois et l'héritage gréco-romain.*

On dit de la France qu'elle est gallo-romaine ! Cela signifie que dès le départ elle se construit dans la pluralité. Quand Jules César colonise et occupe les Gaules, il recense 60 peuples celtiques dans son livre *De Bello Gallico* (*La guerre des Gaules*). À cet égard, les sites ne manquent pas en France pour découvrir cet héritage. Il suffit de parcourir, en Auvergne, le plateau de Gergovie, choisi par le peuple des Arvernes pour fonder un oppidum et où Vercingétorix vainquit les légions romaines en 52 avant J.-C. La cité gallo-romaine de Bibracte dans le Morvan, capitale du peuple éduen, est un autre site emblématique. Il renaît aujourd'hui grâce aux archéologues. Les nombreux musées gallo-romains, comme à Lyon ou à Saint-Romain-en-Gal, en donnent également un bel aperçu.

Dans le domaine linguistique, il y a aussi beaucoup à dire. Quand on étudie le français à l'école, on fait du grec et du latin. Dans ses entrailles, cette langue est faite de diversité. Ses structures grammaticales sont marquées par le latin et beaucoup de termes scientifiques proviennent du grec et du latin.

Finalement, la France qui a colonisé a été, elle-même, colonisée. Et voilà qu'avec le temps, on a transformé cette colonisation romaine en apport culturel.

*Voyons à présent l'héritage judéo-chrétien de la France.*

On est allé chercher en Orient une éthique et des règles morales. C'est la source même de l'expression « judéo-chrétien ». La France s'est christianisée en faisant appel à l'Orient. Voilà encore une autre source. Que je sache le Christ n'était ni grec, ni latin. Il parlait l'hébreu judéen et l'araméen qui était à l'Orient ancien ce que l'anglais est aujourd'hui aux relations internationales. C'était la *lingua franca*. Au niveau de l'histoire, la Bible en est l'illustration. De bout en bout, elle est traversée par l'Orient. C'est pourquoi je préfère parler d'héritage araméo-judéo-chrétien. Cette pensée morale, éthique, religieuse et ascétique est empreinte du substrat de la Syro-Mésopotamie. La Syro-Mésopotamie et le judaïsme ont introduit des termes dans la langue française, qui sont venus s'ajouter au grec et au latin. La plupart des prénoms français qui se terminent par *el* sont d'origine judéo-araméenne. Nathana*ël*, Gabri*el*, Mich*el*… Ces prénoms ont été francisés avec le temps. C'est important de voir comment ce processus de fermentation s'est fait. Yosep est devenu Joseph et Yacoub est devenu Jacob.

Tout cela est venu se fondre dans un creuset français et s'ajouter à l'identité de la France. C'est cela l'unité, c'est-à-dire la capacité de pouvoir faire fondre des éléments divers dans un *melting pot* commun. Toutefois, cela ne s'est pas toujours passé sans douleurs. On peut même parler de brutalité. C'est le cas quand on étudie la manière dont la France du Nord et la France du Sud se sont réunies, et comment les langues d'Oïl se sont imposées aux langues d'Oc aux XII^e^ et XIII^e^ siècles. Évoquant la politique des rois de France, Ernest Renan parle de tyrannie et d'injustice en la matière, et ajoute que « l'essence d'une nation est que tous les individus aient beaucoup de choses en commun, et aussi que tous aient oublié bien des choses ».

Dans cette mouvance, il est aussi utile de citer Jean Jaurès : « Il serait facile aux maîtres de nos écoles, aux éducateurs, de montrer comment aux XII^e^ et XIII^e^ siècles, le dialecte du Midi était un noble langage de poésie, de courtoisie et d'art et comment il a perdu le gouvernement des esprits par la primauté politique de la France du Nord. »

*Examinons encore un autre héritage. Avec la Renaissance et l'Humanisme, la France a renoué avec l'Antiquité.*

On a fait un retour à la littérature grecque et latine, depuis le V^e siècle avant J.-C. On a ainsi travaillé le français, en faisant de cet assemblage de latin et de grec une langue structurée.

À partir du XVI^e siècle, on découvre le monde, ses peuples, ses cultures, ses traditions et ses langues et on se met à comparer, ce qui a conduit à relativiser ses propres références, ce qui est le cas de Montaigne. Dans ses *Essais*, il écrit : « Je ne vais pas ailleurs pour les plats de chez moi, mais pour découvrir ce que l'autre mange. » Chez Rabelais, Gargantua écrit à Pantagruel pour lui donner des règles pour se former et pour s'instruire : « J'entends et veux que tu apprennes les langues parfaitement, premièrement la grecque, comme le veut Quintilien, secondement la latine, et puis l'hébraïque pour les saintes lettres, et la chaldaïque et arabique pareillement[1]. » Or, cette découverte du monde, de ses civilisations et de ses sources, eut un très grand impact. La Bible en est un indice révélateur. Autrefois sa lecture était strictement littéraliste. Or, depuis le XVI^e siècle, on apprend l'hébreu, l'araméen, le syriaque, le chaldaïque, en plus du grec et du latin, pour mieux en saisir le sens. Richard Simon au XVIII^e siècle fut un précurseur dans ce domaine. La Vulgate et la Septante, le Grec et le latin, ne suffisaient apparemment plus pour la comprendre. Il devint nécessaire de s'insérer dans le contexte de l'époque et de saisir le sens originel des termes employés. D'où ce travail qui s'est développé en Europe de manière considérable avec les Bibles polyglottes. Ce fut une évolution cruciale.

Avec les Lumières apparaissent différents courants de pensée. Parmi ceux-ci, l'athéisme, l'agnosticisme et le scepticisme qui, à l'évidence, font partie de la pensée française. Cela s'est affermi avec la théorie de l'évolution des espèces, qui a remis en cause ce qu'on croyait savoir, longtemps en se référant à la Genèse. Dans ces domaines, Voltaire a entrepris une critique assez radicale de la perception de l'histoire du christianisme, des pratiques religieuses et du cléricalisme. Marx, Bakounine (le père de l'anarchisme) et Proudhon sont aussi les produits de ces Lumières.

Au XIX^e^ siècle, Ernest Renan étudia les civilisations sémitiques. Un texte de lui est resté très célèbre, issu d'une conférence donnée à la Sorbonne en 1882 : « Qu'est-ce qu'une nation ? » À l'époque l'enjeu était l'Alsace-Lorraine, entre l'Allemagne et la France. Ce texte a marqué l'histoire. Il est toujours d'une grande actualité. Il dit notamment ceci : « Le français n'est ni un gaulois, ni un franc, ni un burgonde. Il est ce qui est sorti de la grande chaudière, où sous la présidence du roi de France, ont fermenté ensemble les éléments les plus divers. » On ne peut mieux définir ce que peut être la France. Aujourd'hui, on nous parle beaucoup d'assimilation, d'intégration, de valeurs républicaines. Mais qu'est-ce que cela veut dire ? Que met-on dans ces termes qui reviennent sans cesse ? La France, depuis sa constitution et dans son processus de développement, a puisé à de multiples sources. Le génie de la France c'est la fermentation dans la « grande chaudière » !

*Dans cet inventaire des piliers identitaires de la France, tu ne parles pas de l'islam ? Depuis la colonisation en Afrique du Nord, l'islam est inscrit dans l'histoire de la France et dans sa démographie. Où places-tu l'islam ? En fais-tu aujourd'hui un pilier de l'identité française, au même titre que le judéo-christianisme ou que les Lumières ?*

Au regard de l'histoire, l'immigration musulmane est assez récente. Elle date du début du XXe siècle. L'islam a déjà fait pas mal de pas. En 1922, la première pierre de la Grande Mosquée de Paris était posée lors d'une cérémonie présidée par le Maréchal Lyautey, chrétien et humaniste, et inaugurée le 15 juillet 1926 par le président de la République. Le nombre de cimetières musulmans en atteste aussi. Ils ont donné leurs vies pour le pays. Il y a désormais des signes d'inscription de l'islam dans l'histoire de France. Mais sur l'islam subsistent encore beaucoup de malentendus et d'incompréhensions. De là à en faire un pilier ? C'est l'avenir qui le dira. La question se pose aux Français et aux autorités publiques. C'est à eux d'y répondre.

Ce qui m'intéresse c'est que l'islam a aussi connu un mouvement de Lumières, souvent occulté, qui pourrait le préparer à entrer dans le bassin intellectuel séculier et laïc français. Est-ce que l'islam français est disposé à élargir sa vision ? Est-il disposé à dépasser le littéralisme et le juridisme qu'instrumentalisent certains radicaux, à relire et surtout à recourir à Averroès, à Avicenne, à al-Farabi, à ses grands mystiques comme Ibn Arabi et à bien d'autres encore ? Bref, à entreprendre une nouvelle Nahda (Renaissance) ? Reprendrait-on aujourd'hui tout ce débat qu'il y eut dans l'islam et dans la pensée arabe en général, à partir de la deuxième moitié du XIX^e^ siècle, mais aussi lors des premiers siècles de son histoire ? Quand on lit certains auteurs, on est assez impressionné par leur esprit d'anticipation, devançant les réalités. Un exemple, Qasim Amin (1865-1908), écrivain égyptien, appelait à la libération de la femme bien avant qu'on en parle ici[2] !

Il faut comprendre que si la laïcité a réussi en France, c'est parce qu'elle a été précédée d'un mouvement de sécularisation des mœurs, des usages et de la pensée. Autrement dit, elle n'est pas née du jour au lendemain.

La loi de séparation de la religion et de l'État de 1905 a été devancée par des siècles de labeur, qui ont laissé des sillons profonds. En France, le pouvoir politique est une chose, le pouvoir religieux en est une autre. Autrement dit, on ne mélange pas les deux, comme c'est le cas dans d'autres pays. Or ces questions devraient être au cœur du débat, cela pourrait aider à une meilleure intégration dans la société française.

*Que fais-tu de l'identité politique ? Il y eut en France la Révolution, l'abolition de la Monarchie, la naissance de la République. Peut-on parler de la République comme d'un pilier identitaire de la France ?*

La France se lit dans sa continuité historique et civilisationnelle. Elle n'est pas née en 1789, qui est une date cruciale. C'est à la fois la Royauté et la République qui ont fait la France. Avec la Révolution, commença une nouvelle page républicaine, laquelle n'est même pas linéaire. Bien au contraire. Napoléon devint empereur. La France, après la défaite de 1815, bascula à nouveau dans un régime royaliste, puis à nouveau impérial. Il fallut attendre 1871 pour que se stabilise un régime républicain.

# En guise de conclusion

« Et de toutes choses, l'un. Et de l'un toutes choses »

HÉRACLITE

*Alors que s'achève notre dialogue, je ressens à travers nos échanges, l'expression d'une quête. Né assyro-chaldéen, tu es devenu français, sans rien enlever à ton identité originelle, mais en y ajoutant jour après jour le goût de l'Autre. C'est en France que tu as enrichi et approfondi ta propre conscience orientale et ta propension à l'universel. C'est en France, à l'université, que tu as tant reçu et tant donné. C'est en France que tu as goûté aux joies de la diversité. Si la diversité est tatouée sur la peau de la France, elle n'en a pas l'exclusivité. L'apprentissage de la diversité est une question qui se pose à l'ensemble de l'humanité. Jamais l'humanité n'a connu une telle pluralité d'appartenance, encouragée par la globalisation. D'où cette question : comment articuler la diversité et l'unité en société ? Comment faire pour vivre ensemble dans l'harmonie ?*

*Dans toutes les communes de France, on peut lire au fronton des mairies la devise de la République : liberté, égalité, fraternité. La Liberté. C'est l'héritage des Lumières. La liberté d'esprit, la liberté de conscience, la liberté de religion, la liberté de croire ou de ne pas croire. L'Égalité. Ce sont des droits identiques pour chacun devant la loi et devant la société, quelles que soient les appartenances identitaires, politiques et confessionnelles. La Fraternité. C'est la capacité de se réunir et de s'unir autour de valeurs et de projets communs. Ces valeurs ne sont pas strictement françaises. Elles nous viennent de très loin. Elles nous viennent de notre histoire particulière et universelle. Elles nous viennent aussi de l'Orient ! D'où cette autre question : comment vivre ces valeurs ?*

*Voilà bien des questions pour lesquelles je sais l'importance de tes recherches et ton envie de nous en partager quelques clés.*

Je n'ai ni solution, ni clés en main, encore moins des recettes et des remèdes. Seulement quelques réflexions et propositions qui tournent autour de l'unité et la diversité, du local et de l'universel.

Pour commencer, j'élimine le concept de multiculturalisme, en tant que coexistence de plusieurs cultures dans un même pays, chacune revendiquant ses spécificités propres sans trop se soucier des autres, ce qui induit un monde séparé et cloisonné. La diversité ne peut être synonyme de multiculturalisme. C'est important de les dissocier et en même temps de rejeter cet engouement pour une population mondiale désincarnée, qui produit des êtres anonymes, hors du temps et de l'espace, sans lieu d'appartenance, sans un *topos* comme disent les Grecs, ou *in situ* comme disent les Latins.

Entre un homme d'appartenance et un homme désincarné, donc interchangeable, mon choix se porte naturellement pour un homme d'appartenance, et entre mondialisation et enracinement, pour un monde de nations faites de racines, qui collaborent pour le bien de l'humanité.

Sur ce couple intellectuel diversité-unité, on peut s'inspirer de la philosophie et de la théologie, sachant que l'Un ne doit pas être synonyme d'uniformité et que le Multiple ne peut se confondre avec une juxtaposition de formes. Dans ce mouvement, l'Un, comme être et principe suprême, devrait rester supérieur aux catégories qui le composent. Le philosophe présocratique Héraclite, au V<sup>e</sup> siècle avant J.-C., écrivit : « Et de toutes choses, l'Un. Et de l'Un toutes choses. » Mille ans après, saint Augustin d'Hippone (aujourd'hui Annaba), issu d'une famille berbère, écrivit aussi : « La raison humaine conduit à l'unité. Tout cela dans une harmonie des diverses parties, fussent-elles contradictoires, au pire des cas, guidées par un dessein commun et une vision d'ensemble. » Au IIIe siècle, le philosophe Plotin, né en Égypte, décrivit brillamment cette unité : « C'est en vertu de l'unité que tous les êtres sont des êtres. En effet, qu'est-ce qui pourrait être, sans être un ? [...] Assurément il n'y a pas d'armée si elle n'est pas une, pas de chœur ou de troupeau s'ils ne sont pas un, mais pas non plus de maison ou de navire, s'ils n'ont pas l'unité. Parce que la maison est une et le navire un. Et s'ils perdaient l'unité, la maison ne serait plus une maison, ni le navire un navire. Il n'y aurait donc pas de grandeur continue si l'unité n'était pas présente en elles. »

Sur cette question, la lecture des Pères orientaux de l'Église nous apprend énormément. Cela mérite qu'on s'y penche, car ils nous éclairent aussi sur la thématique de l'unité et de la diversité. Donnons-en quelques exemples. Évoquant la Trinité, saint Éphrem (306-376) dit que « l'Un est trois et les trois sont Un », et sur les deux natures, humaine et divine du Christ : « Elles sont distinctes mais non séparées. » Un vrai homme et un vrai Dieu, dans l'unité de la personne. L'exégète Théodore de Mopsueste (350-428) soutient que « l'unité de la personne ne nuit pas à la différence des natures ». Pour sa part, Grégoire de Naziance (329-390) écrit, en parlant de la nature du Christ : « Il daigne être Un fait de deux. Deux natures se rencontrent. Les deux natures s'unissent, sans qu'aucune des deux ne subisse la moindre amputation. »

Tout ceci a été dit et écrit aux IV$^{e}$ et V$^{e}$ siècles par des Syro-Mésopotamiens.

*Comment retrouver le chemin de l'unité en société quand les divergences semblent si difficiles à surmonter ?*

Je crois qu'il faut d'abord entretenir le goût, si ce n'est l'amour et l'attachement au pays. Il faut l'aimer, mû par une vision – ce qui manque aujourd'hui – et par une ambition autour de valeurs transcendantes communes.

Comme tu l'as rappelé, ces valeurs transcendantes ne sont-elles pas déjà inscrites et visibles, au fronton des mairies, dans toutes les communes de France : liberté, égalité, fraternité ? C'est fondamental. Mais les proclamer ne suffit plus. Encore faut-il les traduire dans la vie. L'enjeu c'est l'incarnation de cette diversité réelle qui caractérise désormais notre pays. L'éducation y détient un rôle essentiel, celui d'enseigner l'universel et le particulier, chaque fois par des exemples à l'appui. Montrer que chaque culture porte en elle une part d'universel en enseignant les auteurs qui l'ont portée. Ce n'est pas facile, cela demande du travail mais ce n'est pas impossible, car tout a été dit et depuis bien longtemps. La France contient des cultures et des identités qui ne sont pas suffisamment prises en compte. Prenons l'Alsace à nouveau.

Grâce à Claire, j'ai découvert la culture et l'identité alsaciennes, qui a connu à partir du XIIe siècle un humanisme prodigieux avant la Renaissance française. Mais quelle est sa place dans les manuels scolaires ? Qui parle de Sébastien Brant (1458-1521) et de sa *Nef des Fous*, de Beatus Rhenanus et de l'humanisme rhénan à la même époque ? Alors, oui, la nation française a tout intérêt à s'enrichir de ces « autres » cultures. La France serait ainsi encore plus aimée, parce qu'elle deviendrait plus aimante.

La France mérite qu'on l'aime, parce qu'elle a beaucoup donné au monde. Il est regrettable de constater qu'elle vit aujourd'hui des moments difficiles. Aussi, il est important de retrouver la noblesse de ces valeurs transcendantes communes.

Face à ce monde de contrastes et de contradictions, les politiques sauront-ils nous dire comment, de cet assemblage d'éléments mis en relation, pourra émerger une harmonie ? L'un se faisant pluriel et le pluriel fondant dans l'un. L'unité ne doit pas nuire à la diversité et la diversité doit fondre dans l'unité. C'est encore « la grande chaudière » de Renan !

Cette quête n'est pas nouvelle et, à l'heure actuelle, il faut se donner les moyens de retrouver le chemin de l'unité. La mise en pratique de ces principes peut redonner sens et remédier au doute dans lequel se trouve notre pays. J'ai la conviction qu'une telle problématique, à la fois unitaire et diversitaire, pourrait faire sortir le pays de l'état d'incertitude dans lequel il est plongé. C'est une question de foi !

Post-scriptum

# Où va la Syrie ?

Après 14 années de guerre, la Syrie s'est affranchie du régime tyrannique des Assad, renversé le 8 décembre 2024 par l'organisation islamiste Hayat Tahrir al-Cham (HTC). Depuis, tout le monde est dans l'expectative. Ravagée par le chaos, fractionnée en de multiples pouvoirs locaux, livrée aux rivalités claniques et territoriales, avec des millions de réfugiés et de déplacés, la Syrie est émiettée. Que va-t-elle devenir ? Saura-t-elle recouvrer son intégrité, son unité et sa souveraineté ? Son avenir suscite mille questions. Tenter d'y répondre, penser son renouveau, discerner dans le champ des possibles, suppose avant tout d'en explorer le passé complexe et tumultueux.

Porte de l'Orient constamment convoitée, nœud important des routes marchandes et culturelles, naguère riche de son commerce méditerranéen vers Constantinople et Rome et de ses caravanes terrestres vers Mossoul, Bagdad, la Perse et l'Extrême Orient, la Syrie présente une configuration géographique particulière et déterminante, qui permet de comprendre son histoire et l'attrait qu'elle exerça sur ses conquérants.

Les appétits frontaliers l'ont toujours affectée. Sa position géographique crée des interdépendances entre les enjeux locaux, régionaux et internationaux. Aujourd'hui comme hier, les luttes sans merci des grandes puissances et des États voisins déterminent son identité politique.

Reconnaissons-le, la Syrie n'a jamais connu la paix et la stabilité. Pour son plus grand malheur en ce début de XXIe siècle !

Les questions que soulève aujourd'hui la nouvelle donne sont nombreuses et légitimes. Ce pays est-il une totalité homogène ou un ensemble de composantes ? Et quelles sont-elles ? N'est-il qu'arabo-musulman ? Depuis quand existe-t-il des chrétiens en Syrie ? Quels seront leur avenir et leur statut sous un régime manifestement islamiste ? Que va-t-on faire de son héritage préislamique ?

Terre de rencontres, de passages et d'affrontements, la Syrie a été primitivement habitée par les Cananéens. Plusieurs royaumes araméens ont façonné ce pays, comme ceux de Damas, de Hamat et de la Djéziré. La Bible en porte un vibrant témoignage.

Son christianisme – à caractère oriental – ou son islam – à caractère nettement arabe – sont des marqueurs essentiels de son identité. Une grande partie des événements cités dans les Actes des Apôtres et les Épîtres de Paul et de Pierre ont la Syrie pour cadre historique. C'est sur cette terre que sont nées et que se sont structurées les premières Églises, dont l'héritage protéiforme se perpétue à l'aube de ce troisième millénaire et où demeurent encore de nos jours ses disciples et ses enfants.

Les orientalistes l'ont décrite et chantée comme Volney, Lamartine, Ernest Renan, René Dussaud, le comte de Vogüé, Henri Lammens. Maurice Barrès dit de Damas qu'elle est « la plus vieille cité du monde qui n'a jamais cessé d'être habitée [...]. Résidence de la poésie, château de l'âme ».

La Syrie se distingue par sa diversité. Sa société est structurée en communautés ethniques, religieuses et confessionnelles, souvent source d'instabilité et de conflits fratricides.

Après Jérusalem et avant Rome, la Syrie fut le premier centre majeur du christianisme, le foyer des premières Églises apostoliques et autocéphales (syriaque, nestorienne, melkite, maronite, byzantine...), et un centre primordial de la culture araméo-syriaque. Elle donna même à Rome des empereurs et des papes.

Maîtres païens et chrétiens s'y côtoyaient. L'ancienne capitale Antioche (aujourd'hui Antakya, en Turquie), cité cosmopolite par excellence, donna Libanios (IV^e^ siècle) qui eut comme élève le chrétien Jean Chrysostome. Le grand auteur païen de l'Antiquité, Ammien Marcellin, né à Antioche, y écrivit son *Histoire* en latin.

C'est en Syrie que furent écrites les premières liturgies et c'est de Syrie que partirent plusieurs évêques au concile de Nicée (325). C'est encore en Syrie que se nouèrent les discussions et controverses christologiques et théologiques, longtemps irréparables, ainsi que des « hérésies », dont les conséquences jaillirent ici même en Europe, et qui perdurent jusqu'à nos jours. Le patriarche déposé Nestorius (V^e siècle) était lui-même Syrien.

La Syrie fut aussi un pivot important de l'histoire arabo-musulmane, avec un islam qui se réfère fondamentalement à la période omeyyade (660-750). Quoique de courte durée, cet épisode l'a beaucoup marquée, lui conférant un caractère nettement arabe, par opposition à la période abbasside à Bagdad (750-1258).

Après l'avènement de l'islam, venu d'Arabie, les Omeyyades choisirent Damas comme capitale de l'Empire. Cet empire fut prospère et brillant, mais en lutte permanente avec ses adversaires, tant dans la péninsule arabique (La Médine...) qu'en Irak (Karbala, Koufa...), et à l'intérieur. Bagdad finit par lui ravir le pouvoir en 750. Les Omeyyades furent massacrés par les Abbasides, lesquels devinrent pour plusieurs siècles les nouveaux maîtres du territoire.

On ne dira jamais assez l'impact religieux et politique de cette période omeyyade, non seulement sur le peuple et les dirigeants syriens successifs, mais aussi sur l'imaginaire populaire, tant elle façonna durablement les mentalités. La Syrie devint sunnite (75 % de la population), défendant un arabisme intégral, fidèle en cela à leurs ancêtres omeyyades qui décrétèrent l'arabisation totale du pays. Qui plus est, ces idées se répandirent largement dans la population, au point que de nombreux chrétiens se diront « arabes ». Ne dit-on pas avec fierté que « la Syrie est le cœur battant de l'arabisme » ?

À l'inverse, l'islam syrien donna naissance à des courants islamiques fondamentalistes, dont ses propres Frères Musulmans. Mais c'est aussi de ce terreau syrien que naquirent de grands réformateurs et critiques, comme le grand poète et écrivain sceptique : Abu al-'Ala' al-Ma'arri (973-1054).

Autant d'éléments fondateurs de son tissu historique, qui ont contribué à la formation de son identité. C'est sa singularité.

Malheureusement son histoire antérieure au VIIe siècle a été longtemps négligée par le nationalisme arabe et les courants islamiques. Pourtant, son esprit transparaît dans sa littérature, mise en valeur par les archéologues et les historiens notamment français. Lors de la conquête gréco-romaine, qui dura presque un millénaire, la Syrie donna d'illustres et talentueuses personnalités de renom mondial, comme Jamblique d'Emèse (Homs) au IVe siècle, dont le nom est d'origine araméenne. Auteur d'envergure, il enseigna la philosophie à l'école d'Apamée (Afamia). La Syrie acquit alors une réputation internationale en philosophie, en droit et en histoire, car ses élites furent attirées par le grec et sa culture. Le grec devint un idiome intellectuel en Orient, cohabitant avec l'araméen, l'influençant aussi, donnant ainsi une littérature multiple et riche, dont le foyer culturel, linguistique et religieux fut Édesse (Ourfa).

Par leur volonté d'arabisation à outrance, les différents gouvernements syriens se sont souvent montrés incapables de saisir l'identité de la Syrie et d'incarner sa continuité historique. Or, le fait d'avoir par le passé mélangé passionnément et confusément Syrien et Arabe, sans définition rigoureuse et sans éclaircir le lien avec l'islam politique, a conduit à mutiler son identité nationale et religieuse et à brouiller le sentiment d'appartenance, ce qui a engendré de nombreuses révoltes et l'exode des populations, notamment chrétiennes.

Après la Nahda (Renaissance) au XIX^e^ siècle, le XX^e^ siècle a été un moment historique capital qui marqua le destin de ce pays. Il se caractérise par une agitation permanente et une lutte acharnée pour le pouvoir, qui ébranla fortement le pays. Peu de temps après l'indépendance, le 17 avril 1946, le pays toujours en butte à l'instabilité, voire à l'anarchie connut une série de coups d'État. Les partis politiques qui émergèrent développèrent des concepts nationalistes radicalement opposés (panarabisme et pansyrianisme) et mirent en scène les doctrines socialiste, communiste, laïciste et islamique. Simultanément, et c'est un point important, on assista aussi à l'ascension des militaires, issus pour la plupart du monde rural et des classes moyennes, dont de nombreux minoritaires. Le rôle de ces partis et des militaires fut décisif, tandis que la société des villes fut aussi pénétrée du désir de démocratie.

Que se trame-t-il aujourd'hui ? On évoque une nouvelle Constitution, mais quels seront sa philosophie politique et son contenu ? Quelle sera la teneur du dialogue national annoncé ? Élargira-t-on le champ de la notion de nation arabe ? Introduira-t-on celle de nation islamique ? Ou bien optera-t-on pour la diversité ethnique et religieuse et le pluralisme politique ?

La première Constitution syrienne promulguée après l'indépendance, et adoptée en 1950, stipulait déjà que le peuple syrien fait partie de la nation arabe par son histoire, son présent et son avenir. Dans celle du 12 mars 1973, le législateur s'était contenté d'affirmer que « la religion du chef de l'État est l'islam » et « la doctrine islamique (*fiqh*) est une source principale de la législation ». Sur l'identité propre, le caractère panarabe de la Syrie était nettement affirmé : « La région arabe syrienne est une partie de la patrie arabe » et, ajoute-t-on, « le peuple dans la région arabe syrienne fait partie de la Nation arabe ».

Où en est-on aujourd'hui ?

Lors de la conférence du dialogue national à Damas, à l'appel du nouveau régime, qui a réuni 900 personnes de la société civile, fin février 2025, Bachir Isaac Saadi a présenté, comme représentant de l'Organisation démocratique assyrienne (ADO)[1], une communication devant le comité de l'édification constitutionnelle, dans laquelle il a plaidé pour un État démocratique pluraliste, respectueux de toutes les composantes ethniques du peuple syrien : « Nous croyons », déclare-t-il, « que la Syrie de demain doit être un État démocratique pluraliste, fondé sur la justice, l'égalité et la charte des droits de l'homme, et sur le principe d'une citoyenneté égale, la neutralité de l'État devant les religions, la garantie constitutionnelle de toutes ses composantes nationales : arabe, kurde, syriaque-assyrien, arménien, turkmène et d'autres. L'État se doit de protéger leurs langues et leurs cultures, comme langues et cultures nationales, dans le cadre de l'unité de l'État, de son territoire et de son peuple, au sein d'une identité syrienne commune. »

L'enjeu syrien sur la scène régionale et internationale est donc de taille et la société civile est dans l'attente. Il serait vraiment regrettable que les dirigeants syriens passent à côté de l'héritage de leur pays. Quelle que soit la forme que prendra l'État syrien de demain, il convient de modifier le corpus constitutionnel afin d'y incorporer la civilisation syrienne dans son ensemble, en ajoutant la langue araméo-syriaque comme idiome national au même titre que l'arabe. On oublie trop souvent que les nationalités et les cultures du pays s'enchevêtrent, au point de se demander parfois ce qui est chrétien et ce qui est musulman, ce qui est arabe et ce qui est syriaque.

Incontestablement, l'avenir de la Syrie réside dans sa diversité. D'ici là, la vigilance s'impose[2] !

# Notes et références

## 1
## À Hassaké

1. District situé dans le bassin du Khabour, en Haute Mésopotamie.
2. Identifié avec le Khabour, fleuve en Syro-Mésopotamie.
3. Gozanu des Assyriens. Ville située sur le Khabour.
4. Cette Église de Mésopotamie ou Église de Perse a été qualifiée improprement de « nestorienne » durant des siècles.
5. Paul BEDJAN, *Histoire Sainte*, Paris, Maisonneuve frères, 1888 ; *Manuel de piété ou Livre de Prières, de Médiations et des Offices* (en langue chaldéenne), Paris, Maisonneuve frères, 1893 ; *Vie des Saints,* Paris, Maisonneuve frères, 1912. P. Bedjan était originaire de Khosrawa, le même village que le père de Joseph Yacoub.

## 2
## En Haute Djézireh, au milieu d'un peuplement chrétien

1. Étienne de VAUMAS (1914-1974), « Le passé de la Djézireh », in *Annales de Géographie*, t. 65, n° 347, 1956,. p. 69-70, Paris. Voici sa phrase complète : « La Haute-Djézireh est essentiellement une voie de passage entre l'Est et l'Ouest ; toute la circulation entre l'Iran et la Mésopotamie d'un côté, la Syrie côtière de l'autre est

ici canalisée par l'escarpement du plateau de Dyarbékir et l'axe Djebel Sindjar / Djebel Abd el Aziz : aucun obstacle n'y existe, des points d'eau jalonnent et conduisent tout naturellement aux gués de la grande boucle de l'Euphrate à l'Ouest, au Tigre à l'Est où les ruines d'un pont antique témoignent encore de sa vocation de zone de passage. [...] C'était aussi le lieu d'affrontement de deux genres de vie. Au Nord, les sédentaires tiennent le plateau de Dyarbékir et y ont construit les villes (Ourfa, Harran, Mardin, Djézireh ibn Omar) d'où ils la surveillent et y descendent quand ils le peuvent ; au Sud, les tribus nomades, que n'arrête guère la dorsale djéziréenne, viennent déferler jusqu'au pied du plateau. »

2. Sur les Bédouins, voir Victor MULLER, *En Syrie avec les Bédouins*, Ernest Leroux, Paris, 1931.
3. Voir à ce propos Claire WEIBEL YACOUB, *La France et les Assyro-Chaldéens. Qu'en dit la presse ?*, L'Harmattan, 2019, p. 163.

## 3
## Mon père

1. Joseph Yacoub a longuement décrit la formation de ce bataillon dans ses travaux.
2. Il s'agit des Djelos.
3. Deir ez-Zor est aussi connue comme la province abattoir pendant le génocide des Arméniens, ordonné par les Jeunes-Turcs ottomans, entre 1915 et 1918. Des Assyro-Chaldéens et des Syriaques furent également décimés.
4. Sur la présence française en Djézireh, voir Louis DILLMANN, « Les Français en Haute-Djézireh (1919-1939) », in *Revue française d'Outre-Mer*, n° 242-243, 1979, p. 33-58.

5. Avant que la France ne donne l'indépendance à la Syrie, il y avait un mouvement de résistance dans la Djézireh. En 1936, il y eut même un soulèvement. La répression ne tarda pas et finalement, en 1946, la population se résigna à l'indépendance de la Syrie. Depuis, jamais cette région n'a été sérieusement prise en compte par les autorités syriennes.

## 4
## Ma mère

1. Informations fournies par ma sœur Élisabeth qui vit à Elgin (à proximité de Chicago).

## 5
## Thomas, notre apôtre !

1. Traduit du syriaque et commenté par François NAU, *Bardesane l'Astrologue, Le Livre des lois des pays,* Paris, Librairie orientaliste Paul Geuthner, 1899.
2. Jean DANIÉLOU, *L'Église des premiers siècles. Des origines à la fin du III^e siècle*, Seuil, Paris, éd. 1985, p. 25-29.
3. Il s'agit probablement du roi Abgar V dit Oukama, terme araméen qui veut dire noir. Il serait mort vers l'an 50.

## 6
## Une terre de grands maîtres

1. *Ba'outa* en araméen syriaque veut dire demande, supplication.
2. Ce jeûne toujours en vigueur commence 2 jours avant le Grand Carême. Il date du VI^e siècle, institué par le patriarche Ézéchiel (570-581), suite à la propagation de l'épidémie de la peste.

## 7
## Liban

1. Patriarche Bechara RAÏ, Isabelle DILLMANN, *Au cœur du chaos, la résistance d'un chrétien d'Orient,* Albin Michel, 2016, p. 36.
2. Le professeur Raïf Khoury (1913-1967) était aussi communiste.
3. Notamment son livre *De la connaissance historique.*
4. Maître, en langue classique syriaque
5. Fusion des journaux *Al-Telegraph* et *Al-Tayyar* en 1960.

## 8
## Bonjour la France !

1. À cette époque, en France, il y avait deux types de thèses : la thèse de 3e cycle et la thèse d'État. Cette différenciation n'existe plus.
2. Lors d'un colloque qui lui était dédié, en présence de sa famille, j'avais intitulé ma communication : « Quand un vendeur de journaux rencontre un philosophe ».

## 11
## Une nation, une langue, des églises

1. Aujourd'hui Al-Madayn, en Irak.
2. Aujourd'hui Antakya, en Turquie.
3. Aujourd'hui Urfa, en Turquie.
4. Aujourd'hui Nusaybine, en Turquie.
5. Mot syriaque signifiant « porteur de fruits ». Le Maphrien est une autorité syriaque en Mésopotamie.

## 12
## Le Sénat et l'Assemblée nationale reconnaissent le génocide assyro-chaldéen

1. Voir « Les Assyro-Chaldéens, le dernier des peuples oubliés », avec Joseph Yacoub, de l'Université catholique de Lyon, émission réalisée par Maurice Lemoine, France Culture, 1986 ; Patricia TOURANCHEAU, « Joseph Yacoub, le prof d'un peuple oublié. La longue marche d'un Assyro-Chaldéen », *Libération*, 29 oct. 1986.
2. Joseph YACOUB, *Les réfugiés assyro-chaldéens de Turquie*, CEDRI, Forcalquier, 1986, 31 p.
3. Joseph YACOUB, *La France et la reconnaissance du génocide assyro-chaldéen*, Sarcelles, AACF, février 2025.

## 13
## Enseigner l'universel et le particulier

1. Extrait de son dialogue le 2 juillet 1963 avec le chancelier allemand Konrad Adenauer, juste après la signature du Traité d'amitié franco-allemand, dit Traité de l'Élysée, qui scella la réconciliation franco-allemande.
2. Joseph YACOUB, *L'Humanisme réinventé*, Éditions du Cerf, Paris, 2012.

## 14
## Du Moyen-Orient à l'Artsakh, une actualité brûlante qui interroge

1. Joseph YACOUB, *Menaces sur les chrétiens d'Irak*, Éditions CLD, 2003.

2. Joseph Yacoub, « Ninive endeuillée. Un des berceaux de la chrétienté », *Revue d'éthique et de théologie morale*, 2014/5, n° 282, Cerf, p. 105-112.
3. Terme arabe qui signifie catastrophe.

## 16
## La France, cette « grande chaudière » !

1. *Collection littéraire Lagarde et Michard : XVI^e^ siècle*, Bordas, 1985, p. 50.
2. Joseph Yacoub, « Il existe au sein du monde arabo-musulman un débat sur la citoyenneté et la laïcité », *Le Monde*, 15 décembre 2020.

## Post-scriptum
## Où va la Syrie ?

1. Fondée le 15 juillet 1957 en Djéziré syrienne.
2. Alors que les autorités syriennes prônaient le dialogue national lors de la conférence à Damas, les 24-25 février 2005, et mettaient l'accent sur la nécessité d'un projet constitutionnel à élaborer, voilà que – malgré les déclarations sur la protection des minorités ethniques et religieuses des nouveaux maîtres de Damas – le pays a chaviré derechef dans la violence, quelques jours après cette conférence, le 6 mars dans la région côtière, à l'ouest du pays, à Banias, Lattaquié, Jablé et Tartous, où des atrocités de masse ont été commises (on signalait aussi des djihadistes étrangers) ciblant la communauté alaouite. Un millier de civils, avec une dizaine de chrétiens, ont trouvé la mort.

# Table des matières

TROISIÈME PARTIE

## Au rendez-vous du donner et du recevoir

*Imprimé en France*

Composition : PCA/CMB
N° d'imprimeur : 25040492
Achevé d'imprimer : mai 2025
Dépôt légal : mai 2025